AF232350

UN CHAPITRE INÉDIT DE L'HISTOIRE

DU

COLLÈGE DE TULLE

1790-1792

PAR

RENÉ FAGE

TULLE

IMPRIMERIE CRAUFFON

Rue Général Delmas

1896

UN CHAPITRE INEDIT

DE L'HISTOIRE DU COLLÈGE DE TULLE

DU

COLLÈGE DE TULLE

1790-1792

PAR

RENÉ FAGE

———— ◆•O•◆ ————

TULLE

IMPRIMERIE CRAUFFON

Rue Général Delmas

—

1896

VICTOR LANNEAU DE MAREY
PRÉFET DES ÉTUDES
DU COLLÈGE DE TULLE

DE L'HISTOIRE DU COLLEGE DE TULLE

La période de l'existence du collège de Tulle, que nous nous proposons de faire connaître, comprend les deux années scolaires 1790-1791 et 1791-1792. Les événements qui en marquent le cours n'ont pas été signalés jusqu'à présent[1]. Ils ne sont pas sans intérêt. Alors que les agitations politiques détournaient tous les esprits des choses

---

(1) On a dit, jusqu'à présent, que le collège de Tulle avait été fermé très peu de temps après la fin de l'année scolaire 1789-1790.

En rendant compte aux administrateurs du département des progrès de l'instruction, les professeurs de l'Ecole Centrale établie à Tulle en l'an VI s'exprimaient ainsi : « La cessation des études eut lieu en 1791 dans le département de la Corrèze. La jeunesse a été privée depuis cette époque de tous les moyens d'acquérir quelques connaissances. » (Arch. de la Corrèze, L T.)

Les professeurs de l'Ecole Centrale de Tulle devaient être si bien à même de connaître la date exacte de la fermeture du collège, que, dans le chapitre de notre *Vieux Tulle* consacré à l'histoire de cet établissement, nous n'avions pas hésité à les croire sur parole et à écrire ce qui suit : « Vers la fin de l'année scolaire 1789-1790, le P. Lanueau de Marcy et la plupart des Théatins quittèrent le collège. Les administrateurs du district se préoccupèrent d'assurer l'ouverture des classes au 2 novembre 1790, et, par une délibération en date du 13 septembre, décidèrent qu'il n'y avait pour le moment aucune innovation à faire dans les méthodes d'enseignement et qu'il fallait se contenter de remplacer les Théatins par des citoyens re-

1

de l'enseignement, notre vieux collège se débattait, faisait d'énergiques efforts pour vivre. Ses portes restaient ouvertes ; les professeurs occupaient leurs chaires, et la municipalité, dans la mesure de ses moyens, cherchait à maintenir l'œuvre que les consuls de 1567 avaient fondée. Mais les ressources de la commune et celles du collège étaient insuffisantes. Incertains du lendemain, les parents reculaient devant un sacrifice pécuniaire et gardaient près d'eux leurs enfants ; la population scolaire diminuait. A part quelques jours d'espérance où l'on put croire au succès d'une tentative méritoire du préfet d◌◌ classes, ces dernières années du collège ne fure◌◌ qu'une longue et pénible agonie. Nous en avons noté les phases diverses dans les délibérations du Conseil communal de l'époque et nous pouvons ainsi ajou-

---

connus capables. Le recrutement des professeurs fut probablement malaisé. Nous voyons, en effet, l'assemblée du Conseil général de la Commune arrêter, le 1er octobre 1790, que provisoirement les classes seront ouvertes suivant l'usage ordinaire,..... que le père Lanneau sera invité à venir reprendre au collège sa place de préfet ; que les quatre Théatins, qui y sont encore en ce moment, conserveront leurs anciens emplois, et que les autres professeurs seront choisis par le Conseil général, vu l'impossibilité pour les Théatins de fournir des sujets nouveaux. Cet arrêté ne put être exécuté ; la Révolution commençait à gronder ; le P. Lanneau jugea prudent de ne pas revenir ; les classes ne restèrent ouvertes que quelques mois ; dans le courant de l'année 1791, le collège fut supprimé et l'enseignement complètement suspendu. » *Le Vieux Tulle*, pp. 215 et 216.

Dans sa remarquable *Histoire du Collège de Tulle depuis son origine jusqu'à la création du Lycée*, notre érudit compatriote M. G. Clément-Simon a suivi notre exemple. « Pendant les vacances de 1790, dit-il, les 13 septembre et 1er octobre, la municipalité prit des délibérations pour essayer d'assurer le service scolaire pour l'année suivante. Il fut décidé que toutes les classes seraient maintenues. Victor Lanneau serait rappelé pour reprendre les fonctions de préfet. Quatre Théatins, restés à Tulle, conserveraient leurs anciens emplois. Les autres professeurs seraient choisis parmi les citoyens de la ville. Mais ces dispositions ne purent être exécutées. Victor Lanneau, lancé sur un autre théâtre, ne revint pas. Quelques classes furent ouvertes le 2 novembre, se traînèrent jusqu'aux premiers mois de 1791. Puis le collège fut fermé. » (p. 175). Plus loin, il dit encore : « En 1791, tous les collèges du département de la Corrèze furent fermés. » (p. 178).

ter un chapitre nouveau à l'histoire de l'enseignement secondaire en Bas-Limousin.

Fondé par les consuls aux environs de 1567, le
collège de Tulle fut remis aux Jésuites en 1620 et
dirigé par les religieux de cet ordre jusqu'en 1762.
Aux Jésuites succédèrent des prêtres séculiers,
assistés d'un bureau comprenant l'évêque, le
lieutenant général, le procureur du roi, le maire,
un consul et deux notables. Sous cette administration mi-partie ecclésiastique et laïque, la
vie du collège fut peu brillante. Une transfor-
mation s'imposait si l'on voulait éviter la ruine
complète de l'établissement. La ville fit appel, en
ces circonstances, à la congrégation des Théatins
qui dirigeait une maison d'instruction à Paris et
lui confia la tenue de son collège.

Dès le commencement de l'année scolaire 1785-
1786, les Théatins entrèrent en fonctions. Ils
donnèrent aux études une heureuse impulsion et
surent attirer de nombreux élèves. Il sembla
qu'avec eux une ère de prospérité allait s'ouvrir.
Leur esprit libéral accueillait volontiers les idées
nouvelles en matière d'enseignement ; leurs méthodes et leurs programmes se ressentaient des
préoccupations qui, à la veille du grand mouvement politique et social, assaillaient tous les Français. La Révolution les trouva à leur poste et ne
les renversa pas. Ils avaient adhéré aux lois rela-
tives au clergé et témoigné, dans toutes les occasions, de leur patriotisme et de leur dévouement à
la constitution. Les officiers municipaux et les
autres corps administratifs ne leur marchandaient
pas leurs encouragements. Accueillis avec faveur
à leurs débuts, ils avaient gagné la confiance des

habitants de Tulle qui savaient apprécier leur science et leurs mérites. Ce succès les grisa.

Se sentant à l'étroit et mal à l'aise dans les vieux bâtiments du collège, ils entreprirent des constructions nouvelles, réparèrent les anciennes, augmentèrent le mobilier. Pour faire face à ces dépenses, ils n'avaient que de faibles ressources, bientôt diminuées par la mainmise sur une partie de leurs biens. Leur maison de Paris contribua, dans une certaine mesure, au paiement des dettes qu'ils avaient contractées. Mais leur situation financière allait en s'aggravant et l'avenir du collège était déjà bien compromis, lorsque, dans le commencement de l'année scolaire 1787-1788, le P. Ruffin, recteur, en laissa la direction à son principal collaborateur, le P. Victor de Lanneau de Marey [1], préfet des classes.

La tâche du nouveau directeur était des plus difficiles. Certes, le P. de Lanneau était un homme de valeur. Nul ne pouvait, mieux que lui, maintenir et relever encore le niveau des études. Très convaincu de l'importance de sa mission, animé d'un zèle ardent, passionné pour les réformes, c'était un pédagogue de premier ordre. Il avait sur l'éducation de la jeunesse les idées les plus larges; il était soucieux du bien-être physique comme du développement intellectuel et moral de ses élèves. Au lieu de s'arrêter dans la voie des dépenses ouvertes par le P. Ruffin, son désir eut été de poursuivre les améliorations commencées. Il n'était pas l'administrateur économe qui aurait pu combler le déficit des années antérieures. Les revenus du collège étaient de plus en plus réduits; les Théatins de Paris se refusaient à de nouveaux sacrifices. La crise devenait aiguë. En 1789, le

---

(1) Pierre-Antoine-Victor de Lanneau de Marey, né à Bord (Côte-d'Or), le 24 décembre 1758.

passif du collège dépassait quarante mille livres [1].

Lanneau commença-t-il alors à comprendre que l'importance de la maison de Tulle n'était pas en proportion avec les dépenses engagées, et que les temps étaient peu favorables aux améliorations qu'il avait rêvées? Les événements se chargèrent bientôt de le lui dire.

Ces bâtiments, que les Théatins avaient restaurés à grands frais pour y installer plus commodément leurs services, allaient leur être enlevés en partie. La prison de la ville étant encombrée, les officiers municipaux décidèrent, le 3 février 1790, l'établissement d'une prison au collège [2]. Lanneau ne protesta pas tout d'abord contre ce déplorable voisinage que l'on imposait aux élèves ; il avait besoin de se ménager les bonnes grâces des autorités de la commune.

Quelques semaines plus tard, il adressa toutefois une réclamation à la municipalité. Voici à quelle occasion. A la suite des troubles de Favars [3], la maréchaussée de Tulle avait fait quelques prisonniers. Parmi ceux-ci était un nommé Durieux, tambour-major de la milice de Brive, agitateur populaire, accusé de propos séditieux et d'excitation au désordre. Son arrestation fit un grand bruit et suscita de vives polémiques [4].

---

(1) Sur la prise de possession du collège par les Théatins, l'état des bâtiments et les réparations faites, les difficultés pécuniaires des premières années de la gestion de ces religieux, voir notre *Vieux Tulle*, pp. 206-215.

(2) Arch. communales de Tulle, délibérations du Conseil général de la commune, premier registre, fo 37.

(3) 24 et 25 janvier 1790. Pour les troubles de Favars, voir *Scènes et Portraits de la Révolution en Bas-Limousin*, par le comte de Seilhac, pp. 120 et s.

(4) *Mémoire des députés de la ville de Tulles, relatif aux troubles du Bas-Limousin, pour être mis sous les yeux de l'Assemblée nationale*, par MM. Melon de Pradou et de Saint-Priest. S. d., 1 vol. in-8o de 199 pp. — *Mémoire pour la commune de Brive, et observations sur celui publié pour MM. les députés de Tulle,.....* par MM. Des-Aillieux et Lachèze. S. d., 1 vol. in-8 de 136 et 16 pp.

On l'avait incarcéré au collège. Ses compatriotes de Brive, qui voulaient son élargissement, venaient manifester devant la porte de son cachot. Les gens de Tulle se livraient à des contre-manifestations. Les esprits s'échauffaient ; il y avait, tous les jours, des bousculades et des cris qui troublaient l'ordre des classes et le recueillement des études. Le P. Lanneau s'en plaignit et demanda l'éloignement du prisonnier. Le 15 mars, le corps municipal fit droit à sa requête et ordonna le transfert de Durieux dans la prison de la ville [1].

Un autre embarras, beaucoup plus grave, ne tarda pas à se produire. La caisse des Théatins était vide. Leurs fournisseurs, mal payés, refusaient de faire de nouvelles avances. Une disette générale menaçait le pays. Le collège ne pouvait assurer la nourriture des professeurs et des pensionnaires. Dès le 28 février [2], Lanneau avait signalé au corps municipal cet état de détresse et réclamé un secours pécuniaire. Sa demande étant restée sans réponse, les professeurs voulaient se retirer. Le préfet des classes, que la confiance en l'avenir n'abandonnait jamais, parvint à les retenir, fit, le 21 mars, une nouvelle démarche, et obtint, cette fois, une allocation de trois cent soixante livres [3]. Cette faible aumône fut la bienvenue : pour quelque temps, le personnel du collège n'allait pas manquer de pain.

On voit dans quelles conditions matérielles défavorables l'instruction était donnée aux élèves. Les préoccupations politiques n'étaient pas faites pour rendre la situation du collège meilleure. Le Conseil général de la commune pouvait congédier

---

(1) Archives communales de Tulle. Délibérations du Conseil général de la commune, premier registre, fᵒ 44.
(2) Arch. communales. *Ibid.*, fᵒ 38 vᵒ.
(3) Arch. communales. *Ibid.*, fᵒˢ 48 vᵒ et 58 vᵒ.

les professeurs qui auraient cessé de lui plaire ; il pouvait aussi supprimer les subsides, et les classes se seraient vidées d'elles-mêmes. Comprenant que le sort de sa maison était plus que jamais entre les mains de la municipalité, le P. de Lanneau ne négligea aucun moyen de conserver ses sympathies. Il avait une nature généreuse et optimiste qui le portait à embrasser toutes les idées des novateurs. Le mouvement des esprits ne l'effrayait pas ; il s'y mêlait au contraire volontiers, comme s'il eut tenu à jouer un rôle et à se mettre en évidence. Peut-être, en allant au fond de sa conscience, on aurait trouvé que des visées ambitieuses commençaient à diriger ses actes. Il était, en tout cas, trop dévoué à son collège pour ne pas croire qu'il travaillait à sa prospérité lorsqu'il cherchait à satisfaire les goûts et les passions du temps.

Dans toutes les fêtes civiques il se montrait au premier rang, à la tête d'une compagnie de jeunes volontaires qu'il avait organisée depuis le mois de novembre 1789 [1]. A la fête de la fédération, en juillet 1790, il officiait en personne sur l'autel du Champ de Mars. Le discours qu'il prononça en cette circonstance souleva les enthousiastes applaudissements de la foule. Il avait débarrassé son nom de tout ce qui pouvait rappeler son origine aristocratique ; il signait : *le P. Lanneau*, et allait bientôt signer : *Victor Lanneau, Préfet du collège*. On le trouvait dans les réunions électorales. Le 16 juillet, pendant le dépouillement du scrutin pour l'élection de l'administration départementale, il entrait dans la salle de vote, suivi d'une délégation des écoliers ; s'adressant aux membres du bureau, il les assurait de son attachement à la Constitution et leur présentait ainsi les élèves :

______

(1) *Le Vieux Tulle;* p. 215.

« Vous voyez, Messieurs les Représentants, des jeunes élèves qui recueillent nos derniers travaux ; je ne vous peindrai jamais l'empressement qu'ils avoient de se rendre dans ce temple de la divinité, aujourd'hui celui des vertus, pour vous présenter leurs hommages ; ils espèrent que leurs sentiments seront accueillis avec une bonté paternelle. Déjà, ils ont prononcé le serment de tous les bons citoyens ; déjà, ils ont juré avec leurs maîtres une fidélité inviolable à la Nation, à la Loi et au Roi ; il est un autre serment non moins sacré pour eux et pour nous, que nous venons prêter entre vos mains, c'est celui d'un respect et d'un dévouement éternels [1]. »

C'est ainsi que se termina l'année scolaire 1789-1790, plus agitée que féconde. Nous avons vu les bâtiments affectés au collège diminués, les ressources épuisées, le directeur versant dans la politique et y entraînant les élèves. On pouvait croire que cette année serait la dernière du collège de Tulle.

*

Grâce à l'entente qui existait entre la municipalité et le directeur, les vacances furent heureusement employées dans l'intérêt de l'établissement communal. Le corps de ville, qui tenait à conserver son collège, décida Lanneau à rester à son poste. Par une délibération du 1er octobre, il fixa la date de la rentrée « suivant l'usage ordinaire », c'est-à-dire au 2 novembre, et décida « que le collège serait composé comme ci-devant, en conformité des lettres patentes du mois de juin 1785 portant établissement des clercs réguliers

---

(1) Clément-Simon, *Histoire du Collège de Tulle*, p. 173.

dits Théatins, d'un supérieur, d'un préfet, d'un professeur de philosophie, de rhétorique et de cinq régents pour les classes depuis la sixième jusqu'à la seconde, et qu'on prendrait en outre toutes les mesures possibles pour le choix d'un professeur de mathématiques [1]. »

On avait à combler quelques vides dans le personnel des Théatins. Le P. Le Breton et le P. Guerrier étaient partis pour ne plus revenir. Résolus, l'un et l'autre, à déposer la soutane, ils étaient allés à Paris, afin de se mêler plus activement à la politique. Le Breton, qui était doué d'une intelligence supérieure, s'ouvrit une brillante carrière dans les arts ; Guerrier finit plus obscurément sa vie. Quatre Théatins étaient restés à leur poste. Leur maison de Paris se trouvait dans l'impossibilité de fournir de nouveaux professeurs. La municipalité décida qu'il « seroit pourvu par le Conseil général de la commune au choix de quatre sujets propres et capables ; que les supérieur, professeurs et régents méneroient une vie commune et que le traitement de chacun sans distinction seroit fixé à six cents livres par an ; qu'en outre il seroit fourni pour entretien de la sacristie, du pain, vin et luminaire, la somme de trois cents livres au supérieur dont il sera seul chargé sans reddition de compte [2].

Après avoir pourvu toutes les chaires de titulaires, le Conseil communal invita Victor Lanneau à préparer un règlement intérieur du collège. Le besoin d'une discipline exacte était plus impérieux que jamais ; maîtres et élèves étaient trop disposés à se rendre indépendants. Pour ramener l'ordre

---

(1) Arch. communales de Tulle. Délibérations du Conseil général de la commune, 1er registre.

(2) Arch. communales de Tulle. Délibérations du Conseil général de la commune, 1er registre.

dans la maison, tenir chacun à sa tâche, réchauf-
fer le zèle de tous, Lanneau était-il l'homme qu'il
fallait? On en pouvait douter. Depuis quelque
temps ses aptitudes pédagogiques étaient, en effet,
moins apparentes que ses tendances ambitieuses.
Il montra pourtant, en cette circonstance, combien
il était digne de la confiance de la municipalité.
Enfermé dans son cabinet de travail, à l'abri des
agitations du dehors, il élabora le *plan de gouvernement* dont voici l'analyse :

En premier lieu, Victor Lanneau s'occupe des
pouvoirs des officiers municipaux. A tout seigneur
tout honneur. Le corps municipal est le représen-
tant de la communauté des citoyens ; il est chargé
de ses intérêts. Le gouvernement du collège lui
appartient de droit ; il en gère les biens-fonds. C'est
lui qui choisit et nomme les instituteurs auxquels
sont confiés les enfants de la patrie, et qui fixe les
gages de chacun. C'est lui qui fait le règlement
auquel maîtres et élèves sont tenus d'obéir.

L'exécution de ce règlement exige une surveillance continuelle que le corps municipal, absorbé
par d'autres soins, serait impuissant à exercer. Il
est donc nécessaire qu'il délègue le pouvoir exé-
cutif à un mandataire qui sera le principal du
collège. Une fois par mois, le principal se mettra
en communication avec ses mandants.

La deuxième partie du plan de gouvernement
est relative aux relations du principal avec les
professeurs et autres employés et aux rapports des
maîtres entre eux. La vie en commun est indiquée
comme le plus sûr moyen de maintenir la bonne
intelligence entre les professeurs, de perfectionner
leurs talents et de concentrer leur attention sur
les élèves. Ils habiteront le collège et vivront avec
le principal. Pour le défrayer des dépenses de la
vie en commun, chaque maître lui payera une
pension fixée par la municipalité.

Un dépensier, choisi par les maîtres et pris parmi eux, sera adjoint au principal pour la gestion de la caisse commune ; il sera élu pour une année et rééligible une seule fois. A la fin de chaque semestre, le principal et le dépensier rendront aux maîtres le compte de leur gestion. Certains points de détail, tel que le logement des professeurs, l'administration du mobilier et de la bibliothèque, la nomination et les gages des domestiques, sont encore prévus et réglementés.

Dans la troisième partie de son projet, Lanneau aborde l'importante question des devoirs particuliers du principal. Le principal est l'âme et la cheville ouvrière du collège. Il est responsable de l'ordre et de la discipline. La surveillance générale lui appartient. Les études, les mœurs et la religion de ses élèves seront l'objet de son incessante préoccupation. Il doit laisser toutefois une certaine initiative aux professeurs, conférer souvent avec eux, écouter leurs avis, faire appel aux lumières du sous-principal, ne jamais donner tort aux maîtres en présence des écoliers. Il maintiendra son autorité par la fermeté et la sagesse, donnera l'exemple de l'exactitude et de la soumission au règlement. Si ses avertissements n'étaient pas écoutés, il devrait en référer aux officiers municipaux qui prendraient les mesures convenables. Un principal est obligé de connaître ses élèves, leurs qualités et leurs défauts, leur conduite et leurs succès, car il est leur père dans le collège. Il entretiendra parmi eux une noble émulation sans exciter jamais les sentiments de haine et de jalousie.

Quel éducateur rigide ne souscrirait à de pareils principes ? Le futur rénovateur de Sainte-Barbe se montre déjà sous la soutane de l'ancien Théatin qui flottait naguère dans les rues de Tulle au vent de la Révolution. Lanneau ne s'était pas encore dépouillé de son froc. Le chapitre qu'il consacre à l'enseignement de la religion et à la préparation des premiers communiants serait à citer en entier : « Le principal, écrit-il, regardera comme le premier et le plus essentiel de ses devoirs de s'assurer par lui-même de l'instruction des vérités et des maximes de la religion. » C'est lui qui doit faire le catéchisme, l'instruction morale et préparer à la première communion. Il bannira les livres qui lui paraîtraient dangereux et veillera à ce que, dans le collège, les maîtres et les domestiques ne puissent donner aux élèves que l'exemple d'une bonne conduite.

La vie en commun des professeurs et les entretiens qui en résultent doivent favoriser l'avancement des études. Mais il y a mieux à faire pour les progrès de l'enseignement. Il institue des conférences mensuelles dans lesquelles les professeurs traiteront « de tout ce qui sera jugé utile pour le bon ordre du collège et pour le bien de l'enseignement. » Les mandements relatifs à la police des classes et la liste des ouvrages classiques seront discutés et arrêtés dans ces réunions. Un secrétaire en rédigera le procès-verbal pour le soumettre à la municipalité. D'autres attributions sont dévolues au principal. Les thèses, les discours littéraires, les sujets des exercices publics sont soumis à son approbation ; il a la police générale du collège ; il est chargé de l'entretien de l'église et de la sacristie.

Le rôle du sous-principal ou préfet, qui fait l'objet du quatrième chapitre, est moins complexe. Il est appelé, il est vrai, à suppléer le principal en cas d'absence de celui-ci. Mais, en dehors de cette suppléance, ses pouvoirs et ses devoirs propres consistent dans la surveillance générale qu'il

exerce de concert avec son chef. La discipline
extérieure, le bon ordre des cours le regardent
spécialement. Il transmet aux parents les notes
des élèves et les résultats des examens annuels.
Pour accoutumer les écoliers à l'accomplissement
des devoirs religieux, il exigera d'eux, chaque
semaine, un billet de confession. Il doit se rensei-
gner sur leur conduite, même en dehors du collège,
et se mettre en relation à cet effet avec les parents
et les correspondants.

Dans le dernier chapitre il traite des devoirs des
professeurs. Lanneau de Marey fait montre d'une
expérience et d'une sagesse tout à fait remarqua-
bles. Jamais règles plus sûres ni plus prudentes
n'ont été tracées aux éducateurs de la jeunesse.
Tout d'abord il veut qu'ils prêchent d'exemple ; ils
doivent être des modèles d'exactitude, d'assiduité,
de soumission au règlement. L'harmonie la plus
parfaite doit régner entre eux. Ils tiendront le principal et le sous-principal au courant des progrès
des élèves, agiront de concert avec eux pour tout
ce qui touche à la discipline, auront pour tous les
les écoliers indistinctement les mêmes soins dévoués et les mêmes égards. Ils ne perdront pas de
vue qu'ils ont à former des citoyens chrétiens,
qu'il n'y a rien de plus essentiel que l'enseignement de la religion. Il ne suffit pas de cultiver
l'esprit des écoliers ; il faut aussi cultiver leur
cœur. L'ancien Théatin trace ici, avec une grande
élévation de pensée la marche à suivre. Le maître,
dit-il, commencera par étudier le caractère et le
tempérament de chacun. Et il ajoute : « Après
cette étude et cette connaissance parfaite, il s'emparera de leur âme sans autorité mais avec bonté
et intérêt ; c'est alors que l'emploi d'un instituteur
auprès de son élève deviendra le commerce de
deux amis, dont le plus sage et le plus expérimenté dirigera l'autre par la voie de la raison. »

Le premier ressort de son système est la bonté. La crainte du châtiment est quelquefois utile; mais il ne faut recourir à ce moyen que lorsque l'enfant s'est montré rebelle à tous les autres sentiments. Les châtiments corporels avilissent; de quel droit d'ailleurs les professeurs en useraient-ils? Leur emploi est depuis longtemps banni du collège de Tulle. Il faut être très circonspect dans le choix et dans l'application des peines, écarter celles qui feraient perdre son temps à l'écolier, ne lui infliger que des punitions utiles. Pour éviter les jugements arbitraires, les mouvements d'humeur, les sévérités irréfléchies, souvent injustes, qui pourraient blesser et révolter l'élève, les professeurs s'abstiendront de punir sur le coup. Ils feront sortir l'élève s'il trouble la classe et aviseront le sous-principal. Les professeurs réunis sous la présidence du principal apprécieront la faute et gradueront la punition d'après des règles établies d'avance. Le sous-principal notifiera ce jugement au coupable et rendra compte de l'exécution. Si un élève se refusait à rentrer dans le devoir, le principal en informerait les officiers municipaux qui agiraient suivant les circonstances. Les cas de rébellion générale ou partielle seraient aussi réservés aux officiers municipaux, souverains maîtres du collège.

Tel est, dans ses lignes essentielles, le plan composé par Victor de Lanneau et remis par lui, le 26 octobre 1790, sur le bureau du Conseil général de la commune. Il semble que la maison régie suivant ces règles devrait être une école modèle. La sagesse, le bon sens, la raison éclairée par l'expérience en ont dicté tous les préceptes. Que pourrait-on y ajouter pour le rendre définitif? Tel qu'il a été écrit par ce partisan décidé de la Révolution, qui avait déjà secoué ses vœux monastiques et allait bientôt déposer sa soutane de prêtre pour se marier [1]; on devrait aujourd'hui en demander l'application presque sans retouche.

Nous avons eu la curiosité de comparer le plan de gouvernement du collège de Tulle avec le règlement célèbre que Victor de Lanneau écrivit pour Sainte-Barbe quelques années plus tard. Quand la vie nationale eut repris son cours paisible, l'ancien Théatin de Tulle se sentit ressaisir par sa vocation d'éducateur. En 1798, il rouvrait les portes du vieux collège de Sainte-Barbe. On sait combien cet établissement, sous son administration, devint florissant. Un de ses premiers actes fut de tracer, comme il l'avait fait pour le collège de Tulle, une règle de conduite, une sorte de *traité des devoirs*, où le rôle de chacun est minutieusement déterminé. Ce règlement, mis en vigueur en l'an IX., peut encore être considéré comme le code le plus complet de l'éducation de la jeunesse [2].

Nous y avons trouvé la même inspiration, la

---

(1) Dans une note de son *Histoire du Collège de Tulle*, M. G. Clément-Simon dit que Victor de Lanneau, « après avoir quitté le collège de Tulle, devint vicaire épiscopal de l'évêque constitutionnel d'Autun, l'abbé Gouttes, natif de Tulle, et qu'il avait sans doute connu dans cette ville. Il abjura ensuite et se maria. Elu suppléant à l'Assemblée législative, emprisonné sous la Terreur, il dut sa liberté à Carnot, son compatriote. En 1797, il fut nommé directeur de l'Opéra ; Il eut le bon sens de préférer à cette étrange situation pour un ex-prêtre, la place plus modeste de sous-directeur du Prytanée français. En 1799, il fonda le nouveau collège de Sainte-Barbe qu'il porta au plus haut éclat. » p. 176. — Le collège de Sainte-Barbe avait été fondé en 1430 par Jean Hubert et dirigé par des religieux. Fermé à la Révolution, Victor de Lanneau en rouvrit les portes et le réorganisa en 1798.

Voir, sur Lanneau de Marcy et son *plan de gouvernement* du Collège de Tulle, l'article de M. Fallex dans la *Revue de l'Enseignement secondaire* du 1er mai 1896, p. 149.

(2) *Règlement général du collège de Sainte-Barbe, Ecole secondaire du Département de la Seine*. Paris, D. Colas, 1806, in-8° de 112 et I et IV pp. Il en avait été fait une édition antérieure. Les exemplaires de ce règlement sont très rares ; c'est celui qui est conservé dans les archives de Sainte-Barbe et dont notre savant compatriote, M. Alphonse Rebière, a eu l'obligeance de nous envoyer l'analyse, qui nous a servi à faire le rapprochement avec le plan de gouvernement du collège de Tulle.

même sagesse, la même autorité que dans le plan de gouvernement du collège de Tulle. Mais combien l'œuvre est plus grande et plus étudiée dans les détails, comme elle est proportionnée à l'importance de la maison qu'il s'agissait de gouverner !

Sainte-Barbe était un collège indépendant, sur lequel le pouvoir central n'exerçait qu'un contrôle assez indécis. Lanneau a donc supprimé tout le préambule du règlement qu'il avait écrit pour le collège communal de Tulle. Il entre en matière par un aperçu sur l'organisation générale du nouvel établissement.

Les trois chapitres qui suivent sont disposés d'après le plan du règlement de Tulle : devoirs du directeur, devoirs des préfets des études, devoirs des professeurs. C'est, sous une forme différente, les principes, les idées et les prescriptions que nous connaissons déjà, avec un plus grand développement et, peut-être, une moins grande précision. Tout le surplus est nouveau ou ne se trouvait qu'en germe dans le premier travail. Les devoirs des inspecteurs, des maîtres d'études, de l'aumônier, des élèves, des employés subalternes, des contrôleurs de service, des portiers, des domestiques et même des lingères y sont successivement traités. La pédagogie y prend une place étendue avec l'enseignement du petit et du grand collège, les langues vivantes, les arts d'agrément, les études, les classes, les cours particuliers, les examens, les compositions, les récompenses et la bibliothèque. Rien n'échappe à la vigilance du directeur ; il s'occupe des distributions des prix, des récréations, des congés, des promenades, des sorties et des vacances, des réfectoires, des dortoirs et de l'infirmerie, de la tenue des élèves, de leurs correspondances, de leur argent de poche, des punitions et de la police générale. Pour mener à bonne fin sa tâche si lourde et si complexe, le directeur doit compter sur le concours éclairé des parents ; aussi le règlement de Sainte-Barbe se termine-t-il par des conseils aux pères et aux mères des élèves.

Cette œuvre magistrale a fait ses preuves ; elle a été universellement honorée et a mérité un juste renom à son auteur. Si nous revenons de dix ans en arrière, nous constatons qu'elle était déjà conçue dans l'esprit du directeur du collège de Tulle, que sa forme définitive ne diffère de la première que par un plus ample développement des mêmes idées et une étude plus approfondie des détails. Du règlement de 1790 est sorti le fameux règlement de l'an IX.

Tous les professeurs adhérèrent au plan de gouvernement rédigé par leur préfet, et, le 3 novembre 1790, dans la salle des délibérations de la commune de Tulle, en présence des officiers municipaux, s'engagèrent à l'exécuter. Il devint la loi constitutionnelle du collège [1].

*
* *

C'est dans ces conditions que s'ouvrit l'année scolaire 1790-1791. L'administration communale et celle du collège avaient rivalisé d'efforts et de bonne volonté. Un professeur de physique, Jean-Baptiste Redel, avait été nommé le 27 octobre [2]. Le personnel était donc presque au complet ; il se composait de :

L'abbé Calvet, pour la sixième,
Saint-Martin, pour la cinquième,

---

(1) Arch. communales de Tulle, R. 1, collège communal (dossier 17, pièces diverses).
(2) Arch. communales de Tulle. Délibérations du Conseil général de la commune, 1er registre, fo 100, vo.

Barbe, pour la quatrième,
Baron, pour la troisième,
Villefloze, pour la seconde,
Desvergnes, pour la rhétorique ou la logique,
Redel, pour les sciences physiques et mathé-
matiques.

Le choix du professeur pour la chaire vacante
devait être arrêté au premier jour [1]. De part et
d'autre on était plein d'espérance. On comptait
sur l'efficacité du règlement de Lanneau : de si
beaux principes, appliqués avec zèle et intelligence,
ne devaient-ils pas produire les plus heureux résultats ?

Les premières semaines s'écoulèrent sans diffi-
culté. Malheureusement, la caisse municipale
n'était pas assez riche pour assurer le service
régulier du traitement des professeurs, et les revenus du collège étaient de plus en plus insuffi-
sants. Lanneau fut obligé de réclamer à la commune le paiement du solde du premier trimestre
et les gages d'un domestique chargé de balayer
les classes et les autres bâtiments et de sonner les
cloches. Par une délibération du 28 novembre, le
Conseil reconnut le bien fondé de cette demande
et alloua cinquante livres pour les salaires du domestique [2]. Il était facile de promettre, mais
difficile de tenir les engagements pris. La municipalité étant à bout de ressources, une nouvelle
crise devenait imminente. Le 31 janvier 1791, sur
une seconde réclamation de Lanneau, le maire
exposa aux officiers municipaux « que personne
n'ignorait la détresse où se trouvait le collège de
cette ville et que si on ne prenoit les moyens les
plus prompts pour venir à son secours, on ne
pourroit le tenir en activité que jusqu'à la fin du

---

(1) Arch. communales de Tulle. Délibérations du Conseil général
de la commune, 1er registre, fo 100.
(2) Arch. communales de Tulle. — *Ibid.*, fo 109.

mois prochain; que Mademoiselle Leyrat, dans
son testament du 15 juin 1771, ayant légué à ce
collège une somme de trois mille livres à prendre
sur plus grande somme à elle due par le cy-devant
clergé de France; qu'il existoit un hospice des
cy-devant Jésuites dans la ville de Beaulieu, que
les régisseurs des revenus de cet hospice depuis
1761, époque de la destruction des Jésuites, de-
voient avoir en caisse des sommes considérables,
et qu'il falloit s'adresser à MM. du Directoire du
département, auxquels, après avoir exposé les
faits, ils seront priés de prendre cet objet en
grande considération et d'aviser dans leur sagesse
aux moyens les plus prompts pour tenir en activité le collège de cette ville, qui, sans les plus
prompts secours, est dans le cas de cesser ses
fonctions vers les premiers jours d'avril [1]. »

La proposition du maire était de celles qui,
n'engageant à rien, recueillent tous les suffrages;
aussi le conseil arrêtait-il « qu'il seroit fait une
pétition au Département, où les faits énoncés par
le maire seroient énoncés pour le prier de venir
au secours d'un établissement aussi nécessaire et
aussi intéressant que le collège et qui manque de
moyens pour se soutenir, et à cet effet, MM. Sudour et Bonnélye, officiers municipaux, et Raba-
nide et Baluze, notables, ont été nommés commissaires pour la rédaction de cette pétition [2]. »

Si le Conseil se déchargeait ainsi de ses obligations sur le Directoire du département, c'est qu'il
lui était pénible d'avouer qu'il n'avait pas de fonds
disponibles. L'organisation politique de la commune absorbait d'ailleurs tous ses moments;
c'était le temps de la division de la ville en sec-

---

(1) Arch. communales de Tulle. Délibérations du Conseil général
de la commune, 1er registre, fo 139, vo.
(2) Arch. communales de Tulle. *Ibid.*

tions, de la nomination des commissaires et des
suppléants des sept sections, de l'élection de l'évè-
que constitutionnel. Au corps de ville incombait
la tâche de préparer, de surveiller et de faire aboutir ces diverses opérations. Il se tenait, pour ainsi
dire, en permanence. Des demandes d'argent pour
le collège, qui était sensé devoir se suffire avec
ses propres ressources, n'avaient guère de chance
d'être favorablement accueillies. Cependant, Lanneau renouvela sa demande, le 25 février 1791, et
cette fois en des termes d'une extrême vivacité [1].
Sa lettre ne nous a pas été conservée, mais on
peut juger de l'émotion qu'elle causa à l'hôtel de
ville par la délibération suivante : « M. le maire a
fait lecture de deux lettres du sieur Lanneau, préfet du collège, l'une adressée à la municipalité, et
l'autre à MM. du Directoire du département, et a
proposé aux membres du Conseil général de prendre à ce sujet le parti que leurs lumières, leur
prudence et leur sagesse leur suggèreront. M. le
procureur de la commune a dit qu'étant compromis par la lettre du sieur Lanneau, il ne pouvoit
prendre part à la délibération, a déclaré s'abstenir
et s'est retiré. — La matière mise en délibération,
le Conseil général, ouï M. Bonnélye pour le procureur de la commune, déclare qu'il n'a pu enten-
dre sans indignation la lecture des deux lettres du
sieur Lanneau que caractérisent l'imposture, la
calomnie et l'ingratitude, arrête en conséquence

---

[1] Mal payés, les professeurs se décourageaient; quelques-uns se
retiraient, las d'attendre leur traitement. A cette époque le personnel du collège s'était déjà modifié; il comprenait :
MM. Lanneau, préfet,
    Faugeyron, professeur de rhétorique,
    Villefloze, professeur de seconde,
    Courtillac, professeur de troisième,
    Barbe, professeur de quatrième,
    Duval, professeur de cinquième,
    Calvet, professeur de sixième,
    Redel, professeur de physique.

que MM. les maire, Daubech et Bonnélye, officiers municipaux, et Servientis, notable, sont nommés commissaires pour répondre à la dénonciation formée contre la municipalité par le sieur Lanneau [1]. »

Cette réponse a-t-elle été faite? Les registres de la commune n'en contiennent aucune trace. D'autres difficultés avaient surgi, que les officiers municipaux trouvaient plus urgentes. Le détachement de Royal-Navarre, qui tenait garnison à Tulle, était, de la part de la partie turbulente de la population, l'objet de dénonciations et de plaintes continuelles. Il fallait donner satisfaction aux pétitionnaires, négocier le départ de cette troupe d'élite et la remplacer par un nouveau détachement de cavalerie. L'ordre pouvait être troublé ; les proclamations de la municipalité se succédaient, invitant les citoyens au calme et au respect de la loi. Au milieu de toutes ces préoccupations, on perdait de vue les besoins du collège.

Mais Lanneau ne tarda pas à faire de nouveau parler de lui. Le 14 mars, il donne sa démission et annonce son départ pour le 24. Se disant créancier pour avances qu'il aurait faites dans l'intérêt du collège, il demande le règlement de son compte. Les cartes étaient définitivement brouillées. Aussi, la municipalité s'empresse-t-elle de prendre, à la date du 21 mars, la délibération suivante : « Il a été fait lecture d'une lettre de M. Lanneau, préfet du collège, en date du 20 de ce mois, à la municipalité, suivant laquelle il forme trois demandes : 1° de la somme de quatorze livres pour un voyage fait à Limoges par Vialle, citoyen de cette ville, pour connoître le vœu du sieur Faugeron à qui la chaire de rhéto-

____

(1) Arch. communales. Délibérations du Conseil général de la commune, 1er registre, f° 146.

rique du collège de cette ville étoit offerte ; 2° de la somme de quinze livres payée par le sieur Lanneau à Madranges qui avoit conduit un chevai à Limoges pour le sieur Redel, venant de Nancy pour occuper la place de professeur de mathématiques et de physique ; 3° de la somme de quarante et une livres pour fournitures faites par le sieur Lanneau de certains livres pour les classes de mathématiques et de physique. — Le Conseil arrête : 1° que la somme de quatorze livres payée pour le voyage de Vialle [s'imputera] sur ce dont le sieur Lanneau peut être redevable à la commune ; 2° que, dans la somme de cent cinquante livres adjugée au sieur Redel pour son voyage de Nancy à Tulle, étoient compris les frais de l'entier voyage et que, par conséquent, Lanneau étoit mal fondé dans sa demande contre la commune ; 3° que le Conseil a été très étonné que le sieur Lanneau demande le remboursement de certains livres qu'il prétend avoir achetés pour la classe de physique et de mathématiques, attendu que c'est pour la première fois qu'un professeur a demandé le paiement des livres qui lui sont nécessaires pour faire sa classe [1] ». Non-seulement la réclamation de Lanneau était repoussée, mais le Conseil, le croyant débiteur du collège, ajoutait : « que la commune avoit été forcée de faire des avances très considérables pour soutenir le collège en activité et que, dans le temps qu'elle épuisoit la caisse de la ville et étoit forcée de faire des emprunts considérables pour alimenter un établissement aussi nécessaire, le sieur Lanneau percevoit des fermiers ou locataires du collège différentes sommes qui devront être versées dans la caisse destinée aux

---

[1] Arch. communales. Délibérations du Conseil. 1ᵉʳ registre, fᵒ 155, vᵒ.

besoins du collège [1]. » Enfin, la municipalité désignait deux de ses membres pour se rendre, dès le lendemain, au collège, avec le procureur de la commune, y procéder à l'inventaire de tous les objets dont Lanneau avait été chargé, et mettre sous clé et sous scellés les meubles et effets dont les professeurs et les pensionnaires n'avaient pas besoin. Les commissaires choisis pour remplir cette mission étaient MM. Floucaud et Lacombe-Roussel ; le procureur de la commune, en raison de l'animosité que lui témoignait le préfet du collège, se fit remplacer par M. Bonnélye, officier municipal [2].

Désillusionné autant que lassé, Victor Lanneau quitta Tulle, à la date fixée par lui, le 24 mars 1791. Son départ fut le signal d'une mutinerie dans le collège. Les élèves de rhétorique et de seconde se mirent à la tête du mouvement, refusèrent de se rendre dans leurs classes, entraînèrent à leur suite quelques autres écoliers. On pouvait craindre une rébellion générale. Le maire, immédiatement prévenu, alla au collège avec le procureur de la commune, essaya de rétablir l'ordre et convoqua d'urgence la municipalité pour délibérer sur les mesures à prendre. Dans leur séance, tenue le même jour, à neuf heures du matin, les officiers municipaux décidèrent qu'il convenait de désigner sur le champ un préfet provisoire qui aurait en mains le gouvernement de la maison jusqu'à ce que le Conseil général de la commune ait pourvu définitivement à cette place. Leur choix se porta à l'unanimité sur le sieur Villefloze, professeur d'humanités, un des plus anciens parmi les maîtres. Cette nomination fut aussitôt notifiée

---

(1) Arch. communales de Tulle. Délibérations du Conseil, 1er registre, f⁰ 155, v⁰.
(2) Arch. communales. *Ibid.*

à tout le personnel, avec ordre aux professeurs de reconnaître le nouveau préfet provisoire et de le faire reconnaître par leurs élèves [1].

Les incidents du matin se reproduisirent avec plus de gravité au moment de l'ouverture des classes de l'après-midi. Les écoliers sonnaient les cloches et faisaient un grand tumulte. M. de Saint-Priest, maire, assisté de M. Sclaffer, procureur de la commune, intervint de nouveau, fit entrer les élèves dans leurs classes, invita les professeurs à s'y rendre, et regagna l'hôtel de ville après avoir rétabli le calme. A peine avait-il quitté le collège qu'il reçut la lettre suivante adressée aux officiers municipaux par tous les professeurs :

Du 24° mars 1791.

Messieurs,

Vous avez prétendu narguer le collège en lui donnant pour préfet jusqu'à nouvel ordre monsieur Villefloze qui est moins propre que tout autre à occuper ce poste, attendu qu'il est le seul dont il ne se soit présenté d'écolier. Nous voulons croire, messieurs, que vous ne connaissez point le louche d'un pareil choix, puisqu'au moment où nous vous écrivons, nous nous apercevons que les écoliers fuyent dès qu'ils l'aperçoivent. Il y en a parmi nous, messieurs, qui devaient mieux mériter votre confiance et qui se seraient fait un plaisir, ou pour mieux dire un devoir de bien conduire le collège. Nous croyons devoir vous faire cette observation, qui, quoique hardie, ne vous prouvera pas moins le respect, avec lequel nous sommes les professeurs du Collège, vos très humbles serviteurs. Signé : J.-B. Redel, professeur de physique, Faugeron, professeur de rhétorique, Courtillac, professeur de 3°, Duval, professeur, J.-B. Barbe, Calvet, prêtre (2).

Les officiers municipaux furent mandés en toute hâte à l'hôtel de ville afin de délibérer sur la

---

(1) Arch. communales de Tulle. Délibérations du Conseil général de la commune, 1er registre, f° 158.

(2) Arch. communales de Tulle. Délibérations du Conseil, 1er registre, f° 161, v°.

situation. Pendant qu'ils étaient en séance, un domestique vint leur annoncer que les écoliers sonnaient les cloches, brisaient les bancs et menaçaient de mettre le feu aux bâtiments. C'était une véritable révolte. Les officiers municipaux ceignent leurs écharpes et courent sur les lieux. Ils trouvent les professeurs se promenant tranquillement dans le jardin, témoins bienveillants des scènes de désordre. Seul, le professeur de physique retenait quelques élèves dans sa chambre. L'indignation du maire est facile à comprendre. Il ordonne aux professeurs de se rendre dans leurs classes et y fait entrer les mutins. Aux élèves il adresse de vifs reproches et exprime, dans des termes sévères, la surprise que lui causent les faits regrettables qui viennent de se passer. Tous doivent reconnaître le préfet provisoire nommé par la municipalité et lui obéir. Deux des officiers municipaux resteront dans le jardin du collège jusqu'à la sortie de la classe; les autres se retirent après avoir convoqué pour le soir même les professeurs à l'hôtel de ville.

Tous les maîtres furent exacts au rendez-vous. Ils arrivèrent à la réunion plus irrités que jamais contre Villefloze, résolus à ne pas le reconnaître comme leur supérieur. Le maire, qui, devant les écoliers, s'était abstenu de condamner l'attitude des professeurs, laisse alors un libre cours à ses sentiments. Ils auraient dû donner l'exemple de la soumission, dit-il, et empêcher la révolte; ils ont injurié le préfet provisoire et manqué de respect aux autorités de la commune. La responsabilité de cette déplorable journée pèse sur eux. Comme quelques-uns des professeurs répondaient avec trop de véhémence, le maire fut obligé de les rappeler à l'ordre et de leur imposer silence. Il leur enjoignit de reconnaître le nouveau préfet, les invita à se trouver à leur poste dès un quart-d'heure avant les classes, à accompagner tous les matins leurs élèves à la messe et donna à chacun les plus sages avis sur la conduite à tenir vis-à-vis de ses collègues et de ses écoliers.

Cette réprimande ne fut pas du goût des professeurs ; ils se jugèrent atteints dans leur dignité et résolurent de donner leur démission si Villefloze était maintenu dans les fonctions de préfet provisoire. Le lendemain, ils envoyèrent aux officiers municipaux la lettre que voici :

Tulle, le 25e mars 1791.

Messieurs,

Plus nous examinons la conduite de la municipalité à notre égard, plus nous trouvons les droits de l'homme compromis et notre honneur engagé. Le public est déjà l'écho du deshonneur qui va nous couvrir, si nous y acquiesçons. En conséquence les professeurs de physique, de rhétorique, de troisième, de quatrième, de cinquième et de sixième vous déclarent qu'ils se démettent dès aujourd'hui de leurs fonctions si vous persistez dans le choix de monsieur Villefloze pour préfet provisoire, et si vous ne leur donnez une déclaration formelle et authentique qu'ils ne sont point les auteurs de l'insurrection qui a eu lieu hier au collège. Nous sommes avec respect, messieurs, les professeurs du collège. Et ont signé : J.-B. Redel, professeur de physique, Faugeron, professeur de rhétorique, Courtillac, professeur de 3e, J.-B. Barbe, professeur de 4e, Duval, professeur de 5e et Calvet, prêtre, professeur de 6e (1).

De son côté, Villefloze voyait que sa situation n'était pas tenable. Sans autorité sur les élèves, repoussé par ses collègues, il n'avait qu'à se retirer ; il se démit de ses fonctions par la lettre suivante adressée aux membres de la municipalité :

Tulle, le 25e mars 1791.

Messieurs,

Sans vouloir me disculper de tout ce qu'ont pu avancer

---

(1) Arch. communales de Tulle. Délibérations du Conseil, 1er registre, fo 162.

contre moi *mes chers confrères*, vous me permettrez de vous observer que j'avais bien raison de vous dire que c'était par animosité qu'ils agiraient à mon égard ; mais leurs vains et légers discours n'ont fait aucune impression sur mon cœur. Je savais et vous avez bien compris vous même, messieurs, que c'était une coalition formée entre eux, et que ce qui les avait rendus furieux contre moi, c'était de ne pas leur avoir demandé s'ils consentaient à ce que je prisse la place de préfet pendant quelques jours. Vu qu'ils avaient délibéré et décidé entre eux qu'aucun n'accepterait cette place, comme si je pouvais deviner leurs folles délibérations, et comme si j'avais besoin de leur consentement pour remplir un devoir que vous m'aviez imposé.

Quant à la place de préfet dont vous avez bien voulu m'honorer, je ne crois pas pouvoir la tenir plus longtemps ; je désire, sollicite et aime la paix et la tranquillité, et c'est en me demettant dès cet instant de la place de préfet que je pourrai en jouir.

J'ose espérer de votre bonté que vous ne refuserez pas ma démission. Elle ne peut pas vous causer de la peine puisque vous avez chargé chaque professeur de conduire la classe ; et j'avoue que le parti est bien riche et bien prudent, puisqu'il doit faire disparaître toute jalousie.

J'ai l'honneur d'être, Messieurs, votre dévoué serviteur.

Villefloze, professeur d'humanités (1).

Le même jour, le Conseil général de la commune se réunissait et prenait cette délibération :

« Considérant que les professeurs démissionnaires n'ont pas répondu à beaucoup près, quant à l'enseignement, aux espérances que le Conseil général avoit fondées sur eux ; qu'ils ont voulu se soustraire à la surveillance de la municipalité dans plusieurs occasions et qu'ils ont secoué toute espèce de subordination.

» Considérant que dans la lettre écrite le jour de hyer à la municipalité, ils ont manqué au res-

---

(1) Arch. communales de Tulle. Délibérations, 1er registre, fo 162.

pect qu'ils doivent à un corps constitué légalement et aux délibérations qui en émanent ; que le refus de reconnaître le s^r Villefloze est une insubordination répréhensible.....

» Le Conseil général, jaloux de répondre à la confiance du premier corps administratif, et convaincu que des professeurs qui prennent le ton impérieux vis-à-vis d'une municipalité à laquelle ils sont subordonnés, et qui veulent la forcer à retracter une nomination provisoire qu'elle n'a faite qu'en connaissance de cause et pour le bien, ne sont nullement propres à accoutumer des jeunes élèves à l'obéissance à la loi,

» Arrête que la démission des sieurs Redel, Faugeron, Courtillac, Barbe, Duval et Calvet est acceptée ; qu'en conséquence le collège sera fermé jusqu'à jeudi prochain..... [1] »

Le Conseil ne songeait pas à retenir le préfet provisoire Villefloze dont la nomination avait été si mal accueillie ; il acceptait sa démission. La place était nette, le personnel tout entier ayant disparu. Il fallait pourvoir sans retard au remplacement des professeurs et rappeler au plus vite les élèves. Le 31 mars, les officiers municipaux, par la voie du scrutin, élurent :

MM. Prouziergue, prêtre, préfet du collège,
Sartelon, professeur de rhétorique,
Taillandier, professeur de troisième,
Juyé-Labesse, professeur de quatrième,
Chammard, professeur de cinquième,
Vedrenne, professeur de sixième.

Les nouveaux élus prêtèrent immédiatement serment entre les mains de la municipalité [2].

---

(1) Arch. communales de Tulle. Délibérations... 1er régistre, f° 160.

(2) Arch. communales de Tulle. Délibérations du Conseil..., 1er registre, f° 171.

L'abbé Verdier fut nommé aumônier, aux appointements de quinze livres par mois, avec obligation de dire la messe tous les jours, à heure fixe, pour les écoliers [1]. Il restait deux chaires vacantes, celles de seconde et de logique ; mais on pouvait marcher en cet état. Le maire fit alors publier la proclamation suivante :

« Les cytoiens sont avertis que les classes de rhétorique, d'humanité, de troisième, de quatrième, de cinquième et de sixième reprendront leur cour demain matin second avril. MM. les étudians sont invités à s'y rendre.

» Fait à Tulle, en l'hôtel commun, le 1er avril, dans l'assemblée du corps municipal présidé par M. Saint-Priest, maire, assisté de MM. Chaumont, Lacombe-Roussel, Dhaubech, officiers municipaux, et M. Bonnelye, faisant pour le procureur de la commune, qui ont signé sur le registre, après lecture [2]. »

La crise avait été aussi violente que brusque. En huit jours, la municipalité avait pu conjurer le danger et rétablir le fonctionnement du collège. Les classes étaient conduites maintenant par des professeurs du pays, presque tous anciens élèves de la maison, connus des parents, mais débutant dans la carrière de l'enseignement. Qu'allaient devenir les études sous leur direction ? On ne pouvait attendre que de médiocres résultats de cette fin d'année scolaire. Elle ne fut d'ailleurs marquée d'aucun incident.

Quand les élèves rentrèrent dans leurs classes, le 2 avril, ils trouvèrent l'administration municipale occupée à installer ses bureaux dans les

---

(1) Arch. communales de Tulle, *Ibid.*, f° 185. La nomination de l'abbé Verdier est du 29 mai.
(2) Arch. communales de Tulle. *Ibid.*, f° 172, v°.

bâtiments du collège, Le Conseil général et la municipalité, qui tenaient leurs séances dans la maison de Madame Brossard, avaient été obligés de déloger pour faire réparer cet immeuble. Le voisinage de l'hôtel de ville était moins gênant que celui de la prison. Les Théatins avaient subi les prisonniers ; les professeurs nouvellement élus par les représentants de la commune ne devaient pas souffrir de la cohabitation de leurs commettants. Cet arrangement, au surplus, n'était que provisoire. A la Saint-Martin prochaine, les officiers municipaux devaient reprendre possession de leur local habituel [1].

*
* *

Pendant les vacances scolaires de 1791, d'assez importantes modifications furent apportées aux bâtiments du collège en bordure sur le quai. Les jardins de l'établissement étaient fermés de ce côté par une ligne de boutiques louées à de petits commerçants et quelques constructions occupées par le concierge ou d'autres employés. La rue qui conduisait au collège et à ces boutiques était peu élevée au-dessus du niveau de la rivière, exposée aux crues d'eau et mal entretenue. Dès le mois de mai, l'administration du département avait décidé la réfection de cette rue et la construction d'un quai depuis le pont de l'Escurol jusqu'à la maison de M. Juyé [2]. La chaussée du quai devait être en

---

(1) Arch. communales de Tulle, Délibérations du Conseil..., 1er registre, fo 171.

(2) Dans la séance du Conseil général de la commune, tenue le 29 mai 1791, M. le maire communique une lettre du Directoire du département à la municipalité, « tendant à engager les propriétaires riverains du chemin, à partir du pont de Lescurol pour aboutir à la maison du sieur Juyé avoué, à consentir d'attendre pendant l'espace de deux années l'indemnité qu'ils sont en droit de réclamer pour le dommage qui leur sera fait. » Il expose en outre « que sur

contre-haut du seuil des boutiques et obstruer en partie leur accès. De là un préjudice, car les loyers de ces petites bicoques constituaient les plus nets revenus du collège. On ne pourrait les utiliser à l'avenir qu'en les relevant au niveau du quai et en les réparant. Le département, qui rendait ces travaux nécessaires, était tenu de les payer au moyen d'une juste indemnité. M. Bardon, expert, fut chargé d'en faire l'estimation et évalua à quatre mille livres la somme due. Son procès-verbal fut soumis, le 11 septembre, au Conseil général de la commune qui, n'étant pas en nombre pour délibérer, renvoya l'examen de l'affaire à une séance ultérieure [1]. Quelques jours après, le Conseil décidait les réparations à faire [2]. Le 15 novembre,

---

vingt-neuf propriétaires, vingt-six avoient donné leur adhésion; que le collège a plusieurs boutiques sur cette traversée; qu'il étoit question de délibérer si le Conseil général consentiroit à attendre l'indemnité ou s'y refuseroit;

» Le Conseil général déclare consentir à attendre pendant deux années l'indemnité qui sera due au collège. MM. les administrateurs du Directoire du département de la Corrèze seront priés de considérer la pauvreté du collège et de se rappeler les efforts que la municipalité et son Conseil ont fait depuis longtemps pour se procurer les moyens nécessaires pour le tenir en activité; ils pèseront, dans leur sagesse, que le collège perd, par cette traversée, environ [*quelques mots omis*] de revenus, et que ses facultés ne lui permettent pas de faire les réparations nécessaires pour les rendre susceptibles d'être louées; le Conseil général est convaincu que le département viendra au secours de cet établissement le plus tôt possible par tous les moyens qui sont en son pouvoir. » Arch. communales de Tulle. Délibérations du Conseil..., 1er registre, fo 185, vo.

(1) Arch. communales de Tulle. *Ibid.*, fo 207.

(2) Le 20 septembre 1791, le maire rappelle l'affaire relative aux « réparations à faire aux bâtiments du collège, sans quoi les locataires ne pourroient plus les occuper et seroient obligés de quitter, ce qui diminueroit les revenus du collège qui sont déjà très médiocres. Il a été fait lecture du devis estimatif de ces ouvrages à faire provisoirement auxdites maisons et boutiques pour les rendre habitables, lequel devis a été fait par le sieur Colin entrepreneur.

» Il a été arrêté unanimement que la municipalité demeure autorisée à faire faire par bail à rabes (*sic*) les réparations portées au susdit devis ainsi que toutes autres qui pourroient être nécessaires pour rendre lesdits bâtiments habitables, à la charge par celui qui prendra les dites réparations à faire s'en occupera incessamment et les fera solidement et ne recevra le montant des réparations qu'après qu'elles auront été vues, agréées et reçues, et s'il est néces-

il obtenait du Directoire du département une allocation de deux mille livres qui devait être affectée partie au paiement des travaux exécutés, partie au paiement d'un acompte sur le traitement des professeurs [1].

Les bâtiments en façade sur le quai étaient vraisemblablement remis à neuf au moment de de la réouverture des classes. La rentrée eut lieu à l'époque accoutumée, le lendemain de la Toussaint. Le 28 octobre, les officiers municipaux avaient élu au scrutin :

MM. Sartelon, clerc tonsuré, préfet du collège,
    Vergne, clerc tonsuré, professeur de logique,
    Taillandier, clerc tonsuré, professeur de rhétorique,
    Saugon, clerc tonsuré, professeur de seconde.
    Laval, clerc tonsuré, professeur de troisième,
    Juyé-Labesse, clerc tonsuré, professeur de quatrième,
    Chammard, professeur de cinquième,
    Vedrenne, professeur de sixième.

Toutes les chaires étaient pourvues. Le traitement des professeurs resta le même que par le passé [2]. Le Conseil désigna, le 4 novembre, M. Vergne, prêtre, en qualité d'aumônier, et le

---

saire de matériaux ou pierres de taille qui sont au collège, la municipalité pourra en fournir. Au surplus, la municipalité est autorisée à faire rentrer incessamment les revenus du collège et à y faire faire les menues réparations nécessaires à l'entretien des bâtiments qui en dépendent et notamment pour les mettre hors d'eau. » Arch. communales de Tulle. Délibérations du Conseil..., 1er registre, fo 210, vo.

(1) Arch. communales de Tulle. *Ibid.*, fo 210, vo.

(2) Arch. communales de Tulle. Délibérations du Conseil..., 1er registre, fo 217, vo.

chargea de dire, chaque jour, à dix heures, dans l'égise du collège, une messe à laquelle tous les professeurs seraient tenus d'assister [1]. Depuis deux ans le préfet et les professeurs nouvellement élus étaient obligés de prêter serment entre les mains des membres de la municipalité ; ils remplirent cette formalité le 5 novembre [2]. M. Béril, receveur municipal, fut chargé de régir les biens du collège [3].

Jamais l'organisation n'avait été plus complète. Malheureusement, les écoliers ne répondaient pas à l'attente de l'administration. La rentrée était peu brillante. Le 7 novembre, M. Juyé, n'ayant en quatrième qu'un seul élève, donnait sa démission. Il fallut supprimer une classe ; on commença par la sixième qui fut fermée provisoirement. Le professeur de sixième enseigna la cinquième, et celui de cinquième remplaça M. Juyé [4].

C'était le premier craquement de l'édifice. Un nouvel ébranlement allait se produire, quelques mois plus tard, le 4 mars 1792, avec les démissions simultanées des professeurs de logique, de rhétorique et de troisième. La classe de logique n'ayant pas un seul écolier, le Conseil de la commune décida qu'il était inutile de remplacer le professeur démissionnaire ; il chargea M. Sartelon d'enseigner la rhétorique jusqu'à la fin de l'année, et confia à M. Jean-Pascal Pastrie la chaire de troisième [5]. Le 2 avril, une autre vacance

---

(1) Arch. communales de Tulle. Délibérations du Conseil..., 1er registre fo 218, vo.
(2) Arch. communales. *Ibid.*, fo 221, vo.
(3) Arch. communales. *Ibid.*, fo 222, vo.
(4) Arch. communales. *Ibid.* fo 221, vo.
(5) Le maire ayant communiqué au Conseil la lettre de démission des professeurs, il « a été observé que le sieur Vergne, professeur de philosophie, avoit conduit ses écoliers au séminaire et qu'il n'y avoit plus de sujets dans cette classe ; le Conseil, déclare n'y avoir lieu de nommer un autre professeur quant à présent. — Il a été dit que M. Sartelon, préfet du collège, vouloit bien se charger de pro-

était annoncée : le professeur de seconde avait donné sa démission. La municipalité nomma à sa place M. Léger Bardon [1]. A la suite de ces changements, le personnel du collège se trouvait ainsi composé :

MM. Sartelon, préfet et professeur de rhétorique par intérim,
    Bardon, professeur de seconde,
    Pastrie, professeur de troisième,
    Chammard, professeur de quatrième,
    Vedrenne, professeur de cinquième,
    Vergne, aumônier.

Depuis le 31 mars 1792, le corps de garde avait été transporté dans la conciergerie du collège, le local qu'il occupait précédemment menaçant ruines [2]. Il n'y resta pas longtemps. Des troubles éclataient à Tulle, le 9 avril, et mettaient en effervescence le quartier du Trech. Les trois corps administratifs de la commune, du district et du département unirent leurs efforts pour réprimer l'insurrection, réquisitionnèrent les brigades de gendarmerie d'Egletons, d'Argentat, de Brive et d'Uzerche, ordonnèrent le désarmement de la population, l'expulsion des prêtres réfractaires et la fermeture des chapelles de la Visitation et des Pénitents blancs [3]. Le calme se rétablit. Mais à la première nouvelle de ces désordres, les communes rurales s'étaient mobilisées, avaient envahi la ville et l'affamaient. Il était urgent de se débarrasser de cette foule d'étrangers que l'on évaluait à

---

fesser la rhétorique le restant de cette année. Le Conseil, reconnaissant ses talents, a applaudi à sa bonne volonté et dit que M. Sartelon demeuroit chargé de la classe de rhétorique. » Arch. communales de Tulle. Délibérations du Conseil..., 1er registre, fo 257, vo.

(1) Arch. communales de Tulle. *Ibid.*, fo 266.
(2) Arch. communales de Tulle. *Ibid.*, 1er registre, fo 265.
(3) Arch. communales. *Ibid.*, fos 267-271.

quinze mille hommes [1] Le poste de la garde nationale établi au collège était devenu insuffisant; on l'installa dans les dépendances du palais de justice qui étaient plus vastes et mieux aménagées. Le concierge du collège rentra le 19 avril, en possession de son petit appartement [2].

L'Assemblée législative discutait, en ce moment, le projet de réorganisation de l'instruction publique préparé par Condorcet. D'après le plan du célèbre encyclopédiste, une règle uniforme devait présider à la répartition des maisons d'enseignement; un seul institut ou collège était attribué à chaque département. La Corrèze, qui comptait deux établissements secondaires, le collège de Tulle et celui de Brive, était donc menacée d'en voir disparaître un. Le comité de l'Assemblée législative avait fixé à Tulle le siège de l'institut. Grand émoi chez les Brivistes, qui firent jouer toutes les influences et mirent en campagne les députés qui leur étaient dévoués, pour obtenir que l'institut leur fût donné. Brival défendit les droits du chef-lieu, fit valoir l'importance de la ville « plus populeuse d'un tiers que celle de Brive », sa position au centre du département, sa salubrité, la pureté de son air et la bonne qualité de ses eaux; il ajoutait que les bâtiments de son collège étaient commodément situés; « on peut dire qu'il n'y a point de dépense à faire, à moins qu'on ne veuille leur donner une élégance superflue et contraire à la noble simplicité de leur institution; mais on ne peut s'empêcher de dire que les salles du collège de Tulle sont superbes et bien aérées; qu'on peut y loger cent pensionnaires, et qu'il y en avoit soixante-douze il y a quatre ans; on ne peut s'empêcher de dire que de bonnes eaux circulent

---

(1) Arch. communales. Délibérations du Conseil..., 1er registre, f° 270, v°.

(2) Arch. communales, *Ibid.*, f° 273.

dans le réfectoire de cette maison ; il faut remarquer qu'il y a encore un cabinet de physique expérimentale acheté il y a trois ans, et qui a coûté cinq à six mille livres ; qu'il y a de plus une bibliothèque nombreuse... [1] » La ville de Tulle envoya un député à Paris pour déjouer les manœuvres des députés de Brive [2]. Mais cette polémique entre les deux villes rivales de la Corrèze fut sans objet ; l'Assemblée législative se sépara avant d'avoir voté la loi sur l'enseignement et la Convention laissa le projet Condorcet dormir dans les cartons où il avait été enfermé.

A partir du mois de mai 1792, il n'est plus question du collège de Tulle dans les délibérations du Conseil de la commune. Il vivait paisiblement ses derniers jours, et les officiers municipaux ne s'occupaient de lui que pour mandater le traitement des professeurs. Il faut se reporter aux pièces de comptabilité de l'époque pour y trouver la preuve de son existence. Le 2 juin 1792, le receveur payait à M. Sartelon, préfet du collège, deux cent soixante livres « pour reste de son traitement de cette année », à M. Pastrie, professeur de troisième, cent soixante-six livres « pour son traitement de cinq mois depuis le 1er mars jusqu'au 31 juillet », et à M. Vedrenne, professeur de cinquième, deux cents livres « pour reste de son traitement de cette année. » Le lendemain, M. Bardon recevait cent trente-deux livres « pour son traitement de professeur depuis le 1er avril jusqu'au 30 juillet 1792 », et M. Chammard, pour le solde de son traitement, deux cents livres. Val,

---

(1) *Bulletin de la Société des Lettres, Sciences et Arts de la Corrèze*, 1885, p. 109.
(2) Arch. communales de Tulle. Délibération du 17 mai 1792. 1er registre, fo 278.

portier du collège, touchait, le 5 juin, le montant
d'un mandat de sept livres dix sols pour le service
de la sacristie, et l'abbé Vergne, aumônier, donnait quittance de soixante livres « pour reste de
ses appointements » [1].

On gagna ainsi la fin de l'année scolaire 1791-
1792. Le collège eut ses vacances au commencement du mois d'août. Rouvrit-il ses portes le
2 novembre? Nous ne le croyons pas. Le Conseil
communal nomma, le 23 décembre 1792, un receveur en remplacement du sieur Béril; il est dit,
dans la délibération, que « à cette place était jointe
celle de receveur du collège », que le traitement
de Béril était de cent cinquante livres, comme
receveur de la commune, et de cent livres, comme
receveur du collège; que « dans l'intérêt tant du
collège que de la commune, il seroit à propos de
réduire ce traitement »; et le nouveau receveur,
le sieur Laval cadet, ne se vit allouer, en effet,
qu'une somme de cent cinquante livres en tout [2].
Béril rendit ses comptes le 20 janvier 1793; il
avait en caisse cinq cent dix-neuf livres treize sols
provenant des revenus du collège, qu'il remit à
son successeur [3]. On pourrait supposer que, la
charge de receveur du collège étant maintenue
avec appointements, le collège continuait d'exister.
Mais il faut se rappeler que cet établissement
avait un patrimoine qui lui était propre, des boutiques et des maisons dont il percevait les loyers.
La commune n'avait pas encore accaparé ces
immeubles; tant qu'ils n'étaient pas confondus
dans les autres biens communaux, on ne doit pas
s'étonner qu'ils aient fait l'objet d'une gestion dis-

---

(1) Arch. communales de Tulle. Recettes et dépenses des revenus
du collège, carton coté R. 1.

(2) Arch. communales de Tulle. Délibérations du Conseil...,
2ᵐᵉ registre, fᵒ 42, vᵒ.

(3) Arch. communales de Tulle. *Ibid.*, fᵒ 53.

tincte. Au surplus, à la fin de l'année 1792, toutes les maisons d'instruction furent fermées. Le collège de Tulle subit la règle générale. Le linge, les meubles et autres effets qui en dépendaient furent mis sous clé et confiés à la garde du citoyen Var [1]. Bientôt la partie de ses bâtiments affectés à la prison devenant trop étroite, on enferma des suspects dans les loca.. vacants. On ne songea plus à enseigner les h .ma.ités à la jeunesse. Les anciens professeurs, .allandier, Juyé-Labesse, Sartelon et Bardon trouvèrent, dans les clubs, les comités et les administrations révolutionnaires, l'emploi de leurs facultés. Quelques-uns reparurent dans leurs chaires, après la période d'agitation, lorsqu'au mois de nivôse an VI, l'École Centrale du département de la Corrèze ouvrit ses cours dans le vieux collège.

------

[1] Arch. communales de Tulle. Délibérations du Conseil..., 2ᵐᵉ registre, fᵒ 161.

APPENDICE

———×———

I

PLAN DE GOUVERNEMENT DU COLLÉGE DE TULLE

PROPOSÉ A MESSIEURS LES OFFICIERS MUNICIPAUX (1).

C'est au corps municipal qu'appartiennent directement la direction, la surveillance et l'administration du Collége. Ce corps représente le public ; revêtu de son autorité même, chargé de ses intérêts, il doit choisir les instituteurs à qui il confie les enfans de la patrie ; il doit leur fixer leurs devoirs, veiller même sur leur conduite ; et surtout éloigner des fonctions essentielles d'un instituteur public ceux qui n'ont ni les talens ni les vertus nécessaires pour les remplir dignement.

Le gouvernement du Collége renferme et les devoirs imposés aux maîtres, et les règlemens prescrits aux écoliers. Dans les plus petites sociétés comme dans les plus grandes, il faut que les hommes rassemblés soient gouvernés par des lois et par des règlemens. Quels hommes en exigent davantage que ceux qui, destinés par état à donner des leçons de vertu, doivent y ajouter la plus puissante de toutes, celle de l'exemple : Ces règlemens seront statués par messieurs les officiers muni-

———

(1) Arch. communales de Tulle, R. 1. Collège communal (dossier 17, pièces diverses).

cipaux. Leur exécution demande une surveillance continuelle que ne peut avoir le corps municipal sur toutes les parties nécessaires dans un collége. Le corps municipal doit donc y établir un chef ou un mandataire dont l'état et l'office soient de représenter le corps dont il reçoit ses pouvoirs, et de veiller à l'exécution de ses vœux. Ce mandataire n'exercera donc que les fonctions et l'autorité que la municipalité ne peut exercer elle-même. Pour éviter une autorité trop absolue et un pouvoir arbitraire qui finit toujours par révolter celui sur lequel il porte, ce mandataire ou principal du Collége ne changera jamais aucun article des règlemens arrêtés par le corps municipal sans son avis et sans y être autorisé par délibération. Je croirais nécessaire, pour établir une harmonie et une intelligence soutenues entre le corps municipal et le principal du Collége, je croirais avantageux et nécessaire même que celui-ci fût tenu une fois le mois de se rendre à la municipalité assemblée, pour lui rendre compte de la marche du Collége, lui faire part de ses réflexions et projets pour le plus grand bien de l'ordre et de la police générale. De son côté le corps municipal ajoutera ses observations, ses remarques sur l'exécution des règlemens, sur la tenue des écoliers, sur leurs études, leurs succès, etc. Tout le monde concevra facilement tous-les-avantages de cette correspondance entre le corps municipal et celui qu'il charge de le remplacer au Collége.

Article premier.

Dans le cas que le Collége conserverait quelques biens fonds, ils ne pourront jamais être administrés par les instituteurs du Collége, dont les fonctions doivent être purement morales et ne peuvent être troublées sans inconvénient par des occupations temporelles.

Article second.

Les appointemens de tous les maîtres employés dans le Collége, seront taxés par le corps municipal dans un ordre convenable à la place et aux fonctions desdits maîtres ; ils seront payés par quartier et d'avance. Mais momentanément ces appointemens seront sur le pied fixé par la délibération du Conseil général du 2 octobre 1790.

Article troisième.

Comme l'union et le concert qui doivent régner entre les instituteurs procurent toujours l'avantage des jeunes gens confiés à leurs soins, l'habitude de se voir et de converser sur leurs élèves et sur leurs études ne peuvent que contribuer à maintenir la bonne intelligence, et même produire respectivement une communication et une augmentation de lumières propres à perfectionner le gouvernement et le talent des maîtres. Tous habiteront le Collége et y vivront en commun avec le principal ; les logemens y seront choisis par le rang de place et d'emploi dans le Collége. Tous donneront au principal en entrant et au commencement de chaque année après les vacances, une reconnaissance des meubles et effets qui leur seront délaissés pour leur usage, sans qu'ils puissent les échanger et les transporter d'une chambre à l'autre sans avertir le principal. Dans le cas de sortie le supérieur reconnaitra lesdits meubles et leur en accordera la décharge.

Cet article est nécessaire pour la sûreté du principal qui doit être responsable des meubles du Collége et qui, chaque fois que la Municipalité le jugera nécessaire et dans le cas de sortie, doit lui rendre un état fidèle de ces meubles et de leur emploi.

Article quatrième.

La pension que chaque maître devra payer pour les dépenses de la table et autres à faire en commun, sera fixée par la Municipalité qui déterminera à cet égard les arrangemens convenables avec le principal.

Article cinquième.

Le principal recevra ces pensions individuelles, il pourvoira à la dépense de la cuisine conjointement avec un des autres maîtres, afin d'éviter le trop grand pouvoir du principal dans l'emploi des deniers communs ; afin encore de lui éviter les plaintes souvent déplacées des différens maîtres. A chaque reddition des comptes, il sera procédé à l'élection de cet adjoint au principal, lequel surveillera tous les détails de la dépense commune aux professeurs et aux maîtres. Cette élec-

tion se fera à la majorité des voix des maîtres assemblés à
cet effet; pour éviter les abus qui pourraient résulter d'une
administration trop longue entre le principal et le dépensier,
celui-ci ne pourra pas être nommé pour plus de deux années
de suite. Le principal seul n'y donnera pas de voix et n'aura
aucune part à cette élection afin d'éviter les intelligences
secrètes dans les dépenses.

ARTICLE SIXIÈME.

Le premier mai et le premier octobre de chaque année, le
principal et le dépensier-adjoint rendront aux maîtres assemblés les comptes de la recette et de la dépense commune de la
maison. Ces comptes de dépense seront distribués par mois,
signés du principal et du dépensier-adjoint, lesquels fourni-
ront les quittances des cuisiniers, fournisseurs et autres.

Ces comptes seront arrêtés et signés par tous les maîtres.

ARTICLE SEPTIÈME.

Le principal donnera une attention particulière à ce que les
logemens soient proprement tenus et qu'il soit servi aux maîtres une nourriture saine et suffisante en se conformant aux
vœux de la Municipalité.

ARTICLE HUITIÈME.

Les dépenses particulières dans les chambres comme chan-
delles, bois et autres, tant en santé qu'en maladie, resteront à
la charge d'un chacun. Dans les cas d'une absence, pendant
les vacances, on fera la remise si on l'exige de la pension
écoulée pendant l'absence.

ARTICLE NEUVIÈME.

Le principal choisira les domestiques qui seront jugés nécessaires pour le service du Collége et de la pension ; traitera de
concert avec la Municipalité pour leurs gages, leur assignera
les emplois qu'il jugera à propos, et les congédiera lorsqu'il
sera mécontent d'eux, ou sur les plaintes qui lui seront portées,
lorsqu'il les trouvera fondées et suffisantes.

ARTICLE DIXIÈME.

Il sera fait chaque année un inventaire des meubles de la maison, des livres de la bibliothèque, lequel sera présenté à la Municipalité par le principal qui restera chargé du soin de la bibliothèque. Les maîtres employés dans le Collége pourront y prendre les livres dont ils auront besoin, toutefois en en laissant un état au principal qui doit en répondre.

DEVOIRS PARTICULIERS DU PRINCIPAL.

Le principal ou mandataire de la commune doit être l'âme du Collége ; c'est par son impulsion que tout doit y être mis en mouvement ; il est par sa place responsable du bon ordre, de maintenir la discipline, de veiller sur les études, les mœurs et la religion. Il doit s'attacher à entretenir avec ses coopérateurs la plus parfaite intelligence ; quoi qu'il ait une inspection générale sur le Collége, il ne doit rien faire relativement aux classes que de concert avec le sous-principal et les professeurs ; en un mot il doit les considérer comme ne faisant qu'un tout avec eux. Il conférera donc souvent avec chacun des instituteurs de la partie dont il est chargé, de la méthode d'enseigner, du caractère, de la conduite et du progrès de leurs élèves. Il écoutera leurs plaintes et leurs avis. Il recevra les bonnes vues qu'ils lui proposeront sur les moyens de perfectionner l'enseignement et le gouvernement général. Il maintiendra avec fermeté et sagesse leur autorité, les appuiera fortement dans l'occasion, ne leur donnera jamais tort en présence des écoliers, et, si le cas l'exige, il se réservera à leur donner en particulier et avec la prudence et la douceur nécessaires, les avis convenables.

Fidèle à remplir le premier tous les réglemens du Collége, son exactitude ne laissera aucune excuse à la négligence des autres maîtres ; si ceux-ci abandonnaient leurs devoirs d'une manière sensible et contraire à l'exemple et à l'avancement des écoliers, le principal usera de toute la modération, de toute la prudence et honnêteté qu'exige sa place pour les ramener à leur premier zèle. Si ces avertissemens faits avec discernement et justice n'avaient aucun effet, l'autorité du principal cesse, et son devoir est d'en avertir ceux qu'il représente, c'est-à-dire Messieurs les officiers municipaux qui prendront à cet égard les moyens qu'ils jugeront à propos. Le principal se fera donner tous les trois mois par le sous-principal ou préfet les noms des écoliers du Collége avec leur demeure, leur conduite, leurs succès. Le premier père des enfans confiés au Collége, il doit connaître par lui-même les écoliers, leurs caractères, leurs talens, leurs progrès, et entretiendra parmi eux cette noble émulation qui ne dégénèrera jamais en haine ni en jalousie, mal souvent trop commun parmi les écoliers d'un même Collége.

Le principal regardera comme le premier et le plus essentiel de ses devoirs de s'assurer par lui-même de l'instruction des vérités et des maximes de la religion.

Tous les dimanches de l'année académique, il fera en faveur des basses classes le catéchisme dans la forme reçue dans le diocèse, auquel il ajoutera les réflexions et les explications nécessaires. Il y joindra en faveur des plus avancés et de tous en général une instruction normale qui apprenne à chaque écolier ses devoirs envers Dieu et ses obligations envers ses semblables dans la société pour laquelle il est destiné.

Quelque tems avant la première communion de la paroisse, le principal ou tout autre maître commis par lui, préparera à à la première communion les écoliers qu'il jugera à propos d'après l'âge et les notes de conduite. Il les adressera ensuite au curé de la paroisse.

Le principal aura soin d'éloigner du Collége tout livre qui pourrait blesser, en quelque manière que ce soit, la religion, les bonnes mœurs. Il veillera de même sur la conduite décente, honnête et chrétienne des domestiques employés dans le Collége.

Le premier dimanche de chaque mois et même plus souvent si les circonstances l'exigent, à l'heure que le principal croira la plus convenable, il assemblera dans sa chambre le sous-principal et tous les professeurs, à l'effet de prendre, sur leurs avis et leurs observations, les mesures les plus nécessaires et les moyens jugés les plus utiles pour procurer l'avancement des jeunes élèves qui fréquentent le Collége. Enfin on traitera de tout ce qui sera jugé utile pour le bon ordre du Collége et

pour le bien de l'enseignement en conservant une juste proportion entre les classes respectives.

Dans la dernière assemblée de chaque année on règlera la
liste des livres et auteurs destinés aux classes pour l'année
suivante. Parmi les professeurs, il sera nommé un secrétaire
chargé de rédiger avec le principal le résultat de ces conférences, pour pourvoir à leur exécution, s'il y a lieu, pour encore
les communiquer à la Municipalité. C'est de ces conférences
que sortiront et dépendront tous les mandemens adressés aux
classes et aux écoliers relativement à l'ordre et à la police
générale. Il ne pourra donc jamais être promulgué aucun
ordre nouveau sans qu'il ait été préalablement proposé par le
principal et accepté à la majorité relative par les professeurs
assemblés à cet effet. Tout ordre ou mandement sera donc au
nom du principal et de Messieurs les sous-principal et professeurs du Collège. Cette forme me parait la plus avantageuse
pour assurer l'harmonie et la bonne intelligence qui doivent
régner dans toute société.

Le principal veillera à ce que, dans les thèses, les discours
littéraires, les exercices publics ou particuliers, il ne soit rien
dit ni inséré de contraire à la religion, aux bonnes mœurs et
aux maximes de la Constitution française. Il sera responsable
des désordres qui pourraient arriver dans ce genre. On obtien-
dra donc son approbation sur les discours littéraires, lesquels
lui seront communiqués pendant un tems suffisant pour en dire
son avis. Toutes les attestations données aux écoliers seront
signées du principal, du préfet des classes et du professeur de
l'écolier. Le principal seul pourra y apposer le sceau du Collège. Ces attestations devront encore être contre-signées et
scellées du sceau de la Municipalité, à la fin d'établir la dépendance réelle des écoliers auprès de ce tribunal et d'éviter
surtout les fraudes trop ordinaires.

Le principal ne pourra disposer lui seul de l'emploi des cours
et salles communes du Collège pour des assemblées extraor-
dinaires quelconques. La Municipalité seule pourra les y per-
mettre. Mais le bon ordre du Collège et le recueillement des
écoliers sollicitent pour la rareté de ces permissions.

Il ne pourra être donné retraite pendant la nuit dans la maison du Collège aux personnes du dehors sans la permission

du principal. Les portes du Collége seront fermées, depuis la Toussaint jusqu'à Pâques, à neuf heures du soir ; depuis Pâques jusqu'à la Toussaint, à neuf heures et demie. Le principal sera très attentif à s'en faire remettre les clefs aux heures marquées.

Tout ce qui pourra concerner et intéresser la police intérieure du Collége sera maintenu par le principal, néanmoins il ne fera aucun changement aux règlemens acceptés et sanctionnés par le corps municipal qui jugera des changemens nécessaires ou règlemens à faire, ainsi que sur les difficultés qui pourraient survenir entre les maîtres.

Le principal sera chargé de l'entretien et du soin de la sacristie et de l'église quant aux ornemens, linge, luminaire et propreté des dits lieux, pour la somme de 300 livres, sans reddition de compte.

Devoirs du Préfet ou sous-Principal.

Le sous-principal ou préfet aura aussi l'inspection et la police des classes : mais il n'agira que du consentement et de concert avec le principal. En l'absence de celui-ci, le préfet aura la police générale du Collége et de la maison, jusqu'à ce qu'il y soit autrement pourvu ; au retour du principal, il l'instruira de ce qui se sera passé et de ce qu'il aura fait.

Le sous-principal ou préfet partagera la vigilance et les soins du principal et il concertera avec lui les moyens les plus propres à prévenir ou réprimer les abus, à maintenir la discipline et le bon ordre dans toutes les parties du Collége ; il doit se trouver partout où les écoliers seront assemblés et présider aux exercices communs ; il doit se tenir dans la cour pour contenir les écoliers 1° pendant le quart-d'heure qui précède la classe et jusqu'à ce qu'ils soient tous entrés sous la surveillance des professeurs, 2° au sortir de la classe, jusqu'à ce que tous soient retirés et les portes fermées, et de veiller à la police extérieure des écoliers pendant les classes. Il doit veiller sur les écoliers pendant la messe tous les jours, et les dimanches et fêtes pendant l'office. Le préfet doit tenir un registre exact des écoliers par classe, avec l'âge, la demeure et les différentes notes qu'il recevra dans tems prescrits des professeurs respectifs. Il communiquera ce catalogue général au principal, et dans le courant de l'année, après les différens examens, il instruira les familles de la conduite, du travail et des progrès des enfans.

Le préfet veillera à ce que les écoliers s'accoutument de bonne heure à remplir leurs devoirs de religion. Il exigera d'eux un billet de confession. Chaque classe par semaine apportera son billet. Il s'informera par tous les moyens convenables de la conduite des écoliers au dehors, et prendra, avec les parens ou correspondans, toutes les voies nécessaires pour assurer leur conduite et leur travail.

Des Devoirs des Professeurs.

Les professeurs ou autres maîtres employés dans le Collége y vivront en commun d'après les règlemens arrêtés par la Municipalité. Ils auront pour celui qui la remplace dans le Collége les sentiments qu'ils doivent à la Municipalité même de laquelle ils dépendent premièrement. Les professeurs se conformeront dans l'enseignement à ce qui aura été arrêté entre eux, le principal et sous-principal, et sanctionné par la Municipalité.

Les professeurs seront exacts à entrer dans leurs classes au dernier coup de cloche, sans changer l'ordre marqué, sans l'anticiper, ou l'abréger pour affaires particulières. En cas de maladie, ils en instruiront de bonne heure le principal qui les fera suppléer.

Les professeurs hors les tems des vacances, ne pourront point s'absenter du Collége et de leurs fonctions, sans en avoir obtenu la permission de la Municipalité et sans en avertir le principal qui de concert avec la Municipalité s'occupera de les faire remplacer.

Quelques jours avant le moment fixé des examens, les professeurs donneront au préfet les notes de la conduite, du travail et des succès de chaque écolier de sa classe avec les matières qui doivent faire l'objet de l'examen. Ils agiront d'ailleurs en tout ce qui concerne la conduite des écoliers de leur classe avec le plus grand concert et la plus parfaite intelligence avec le sous-principal ou préfet chargé de la police générale du Collége. Dans le cas où un professeur trouverait un écolier trop faible pour suivre ses leçons, il se concertera avec le préfet

pour le faire descendre ou pour prendre les moyens qu'exigera
l'intérêt de l'écolier. Il se concertera de même avec lui sur les
moyens de conduire ses écoliers, de s'assurer de leur conduite,
de leur subordination et sur les voies les plus sûres pour s'assurer les progrès de ses élèves.

Les professeurs auront d'ailleurs pour tous leurs écoliers
indistinctement les mêmes soins et les mêmes égards. Ils tra-
vailleront d'abord à s'en faire aimer, en ayant pour eux des
sentimens de *père* et en leur montrant en toute occasion un
vrai zèle pour leur avancement. De toutes leurs fonctions ils
regarderont comme la plus essentielle et la plus respectable
l'instruction chrétienne et ils ne manqueront jamais de faire
réciter aux jours marqués par les règlemens des écoliers les
leçons de religion et de morale. Ils y ajouteront les explications et les exemples mêmes capables de graver dans ces jeunes cœurs les principes d'un citoyen chrétien. Ils veilleront
sûr les mœurs *générales* de leurs écoliers; on ne peut leur
fixer des règles générales sur ce point si essentiel aujourdhuy;
c'est à leur prudence, c'est à leur sagesse et à leur zèle d'étudier profondément les caractères et le tempérament même de
leurs élèves. Après cette étude et cette connaissance parfaite,
il s'emparera de leur âme sans autorité, mais avec bonté et
intérêt; c'est alors que l'emploi d'un instituteur auprès de son
élève deviendra le commerce de deux amis, dont le plus sage
et le plus expérimenté dirigera l'autre par la voie de la raison.
Mais souvent les conseils ne suffisent pas à certains jeunes
gens pour les rappeler à l'ordre et pour les corriger de leurs
défauts; il faut quelquefois employer le ressort de la crainte.
Ce sont les maîtres justes et sévères, dit un de nos meilleurs
écrivains sur l'éducation, *qui forment les meilleurs élèves.*
L'enfant comme l'homme fait n'est mû que par l'espoir du plaisir et la crainte de la douleur. N'est-il point susceptible de
l'amour de la gloire, est-il sans émulation? c'est la crainte du
châtiment qui seule pourra fixer son attention et réformer son
cœur.

La crainte est donc, dans l'éducation publique, une ressource
à laquelle les maîtres sont aussi malheureusement qu'indis-
pensablement obligés de recourir; mais aussi avec quelle prudence ne doivent-ils pas user des peines qu'un instituteur peut
employer.

De toutes, ils doivent préférer celles qui attaquent le senti-
ment. Les châtiments corporels l'avilissent. D'ailleurs par quel
droit un maître a-t-il jamais pu s'approprier un moyen qui appartient à peine à l'autorité paternelle? Le Collége de Tulle ne
les employe point. On continuera de n'en faire aucun usage.

Il est difficile d'indiquer les moyens d'arrêter les abus et de
punir les désordres de la jeunesse. Lorsque les colléges étaient
tenus par des corps réguliers, il existait un enchaînement et une
dépendance dans l'autorité des maîtres qui pouvaient prévoir
les abus des corrections souvent mal appliquées par le défaut
d'expérience, et souvent causes d'une insubordination et d'insurrection parmi les écoliers.

Tous les maîtres d'un Collége doivent avoir en main des
moyens pour maintenir leur autorité et pour soutenir le bon
ordre sous leurs yeux. Mais pour prévenir aussi les désobéis-
sances de la part des écoliers, je crois à propos de proposer
une forme d'imposer les punitions nécessaires, capable de
suppléer à celle qu'entretenait et qu'exigeait, parmi les religieux chargés des colléges, cette subordination sacrée de leur
état. J'en ai vu d'ailleurs une application heureuse dans cette
première école de la Nation érigée par les bienfaits de Louis-
Quinze. Quand les autorités partielles s'allient et se servent
mutuellement d'appui, il en résulte un accord entre les maîtres
et une subordination entre les écoliers, qui contribuent infini-
ment au bon ordre, à la discipline et à l'avancement des écoliers.

Tout écolier qui ne remplira pas ses devoirs, y sera d'abord
rappelé par son professeur par la voie des sentiments, de la
douceur, de l'intérêt et de l'amitié. Le professeur appellera à
son secours le préfet des classes; il s'adressera même, s'il le
faut, au principal. Si l'écolier se montre insensible aux avis,
aux menaces même, le professeur pourra employer dans l'intérêt de sa classe tous les moyens, toutes les punitions que lui
suggérera sa prudence. Il préférera celles qui humilient le sen-
timent, et jamais celles qui l'avilissent; celles qui peuvent
devenir utiles à l'écolier, et jamais celles qui lui font perdre
son tems.

Si un écolier trouble la classe, le professeur le fera sortir;
il fera par écrit la note du coupable qu'il remettra au préfet

des classes. Celui-ci la remettra au principal. Trois fois la semaine, les lundi, mercredi, vendredi, tous les maîtres s'assembleront. Le principal y fera la lecture des notes qu'il aura reçues, il éclaircira le genre de la faute et la punition sera appliquée au jugement des maîtres à la majorité relative. Ces jugemens seront portés d'après certaines lois de discipline et de police que les maîtres établiront d'abord entre eux. Ces jugemens portés, ils seront signifiés aux coupables par le préfet, qui rendra compte à la prochaine assemblée de l'exécution. Tous les maîtres quelconques ne pourront imposer aucune punition extérieure et publique par eux-mêmes et dans l'instant même de la faute; c'est le moyen le plus sûr d'éviter ces jugemens arbitraires, qui révoltent souvent l'écolier; c'est la voie la plus certaine d'empêcher les maîtres de suivre leur humeur et cette vivacité si commune aux hommes en place, qui confondent trop souvent la cause de leur amour-propre avec celle de la justice.

Si quelqu'écolier condamné à subir une peine s'y refusait, le préfet en fera son rapport au principal. Et dans le cas où le principal serait dans l'impossibilité de rappeler l'écolier à son devoir, il en conférera avec Messieurs les officiers municipaux qui lui traceront la route qu'il doit suivre suivant les circonstances.

Dans les cas d'une insurrection générale de tout le Collége ou d'une seule classe, le principal s'adressera de même à la Municipalité.

———

La Municipalité, après avoir pris lecture du plan ci-dessus et des autres parts et après en avoir aussi fait faire lecture à tous les maîtres et professeurs du Collége qui ont déclaré n'avoir aucune observation à y faire et promis de l'exécuter selon sa forme et teneur, ouï M. Sclafer procureur de la Commune, a approuvé et accepté ledit plan pour être exécuté dans tous ses points et clôses, et tant lesdits officiers municipaux que les maîtres et professeurs ont signé.

Fait double, à l'hôtel commun, le 3 novembre 1790, dont un

resté entre les mains des officiers municipaux et l'autre au pouvoir du Collége.

Signé : Victor Lanneau, préfet du Collége.

Jacques Villeflose, professeur d'humanité.

Guilhaume Desvergnes, professeur de rhétorique.

Pierre Saint-Martin, professeur de cinquième.

Calvet, prêtre, professeur de sixième.

Jean-Baptiste Barbe, professeur de quatrième.

Blaise Courtillas, professeur de troisième.

Meynard.

Mesnager, prêtre.

Faugeyron, officier municipal.

Duclaux, officier municipal,

Melon de Pradou, maire.

Sclafer, procureur de la Commune.

Sudour, officier municipal.

Floucaud.

Lacoste, officier municipal.

Moussourd, officier municipal.

II

Mutinerie du 24 mars 1791.

I

Délibération du 24 mars 1791 (1).

Aujourd'hui vingt-quatre mars mil sept cent quatre-vingt-onze, à neuf heures du matin, dans l'assemblée du corps municipal présidée par monsieur Saint-Priest, maire, assisté de messieurs Chaumont, Lacombe Roussel, Daubech, Bonnélye et Vialle, officiers municipaux, et monsieur Sclafer, procureur de la commune,

Un de messieurs a dit : Messieurs, la disparition subite du sieur Lanneau, ci-devant préfet du Collége, pendant la nuit dernière, jointe à l'impossibilité où s'est trouvé la Municipalité de pourvoir sur le champ à son remplacement, ont occasionné ce matin dans les classes un commencement d'insurrection parmi les écoliers qui ont manifesté une si grande insubordination que messieurs les Maire et Procureur de la commune, qui en ont été avertis, ont été nécessités de se rendre sur le champ au Collége pour rétablir l'ordre et faire rentrer les écoliers dans leurs devoirs. Messieurs les Maire et Procureur de la commune vous ont dit qu'ils s'étaient aperçus que les classes de rhétorique et de seconde étaient vacantes et qu'il manquait plusieurs écoliers dans les autres classes ; nous ne chercherons pas à approfondir, dans ce moment, les motifs et les causes de l'insubordination des écoliers, nous pensons qu'il n'est pas un de nous qui ne s'en aperçoive sans peine.

---

(1) Arch. communales de Tulle, 1er registre des délibérations du Conseil général de la commune, fo 158.

L'objet le plus instant est de nommer provisoirement un préfet parmi les professeurs du Collége, jusqu'à ce que vous aurez fait convoquer le Conseil général de la commune pour y pourvoir définitivement cette place.

La matière mise en délibération, la Municipalité, ouï le procureur de la commune, déclare unanimement qu'elle fait choix du sieur Villefloze, professeur d'humanité, pour exercer provisoirement les fonctions de préfet des classes, jusqu'à ce que le Conseil général de la commune aura pourvu au remplacement du sieur Lanneau, et qu'en conséquence le sieur Villefloze sera averti par une lettre de sa nomination provisoire; arrête au surplus que les professeurs du Collége seront tenus de faire reconnaître à leurs écoliers le sieur Villefloze pour préfet provisoire des classes.

Fait à Tulle, en l'hôtel commun, le susdit jour mois et an que dessus, d'autre part.

Et ont signé après lecture.

Suivent les signatures de MM. Saint-Priest maire, Sclafer, Lacombe Roussel, Daubech, Chaumont, Bonnélye.

II

Délibération du 24 mars 1791 (1).

Aujourd'hui vingt-quatre mars mil sept cent quatre-vingt-onze, à deux heures après midi, dans l'hôtel commun où étaient monsieur Saint-Priest maire, Sclafer procureur de la commune, on est venu avertir que les écoliers sonnaient les cloches et faisaient beaucoup de tapage. Monsieur le Maire et monsieur le Procureur de la commune se sont rendus sur le champ au collége; ils ont ordonné aux écoliers d'entrer dans leurs classes, et ont fait avertir les professeurs de s'y rendre. Le calme s'étant rétabli, monsieur le Maire et le Procureur de la commune ont passé dans toutes les classes, ont exhorté les

---

(1) Arch. communales de Tulle, Délibération du Conseil..., 1er registre, fo 158 vo.

écoliers à profiter des leçons de leurs instituteurs et prié les professeurs de leur donner les noms des écoliers qui ne s'é-taient pas rendus en classe pour en prévenir leurs parents, et se sont retirés. En rentrant à l'hôtel commun, ils ont trouvé une lettre signée de tous les professeurs à l'exception du sieur Villefloze, contenant beaucoup d'injures et de mépris pour ce dernier et montrant une insubordination marquée à l'égard de la Municipalité. Le Conseil municipal, composé de monsieur Saint-Priest maire, Chaumont, Daubech, Bonnélye et Vialle officiers municipaux, et monsieur Sclafer procureur de la commune, plus indigné que surpris du ton insolent qui respi-rait dans cette lettre, a cru qu'il fallait assembler tous les membres du Conseil municipal pour délibérer sur les moyens d'empêcher que l'insubordination des professeurs n'occasionnât celle des élèves. Dans le même moment, et il était trois heures et demie, le nommé Joseph domestique du Collège est venu annoncer que les écoliers sonnaient les cloches et brisaient les bancs et qu'il craignait qu'ils ne missent le feu à la maison. Les officiers municipaux ont accouru au Collège avec leurs écharpes, étonnés de voir les professeurs, à l'exception du sr Redel qui était dans sa chambre occupé à faire sa classe, se promener tranquillement dans le jardin et demeurer sim-ples spectateurs du désordre, au lieu de chercher à l'empêcher. Monsieur le procureur de la Commune leur a témoigné sa surprise, de ce qu'ils n'étaient pas dans leurs classes et a fini par leur enjoindre, au nom de la loi et en montrant son écharpe, de se rendre dans leurs classes. Les professeurs étant entrés chacun dans leurs classes, on a ordonné aux écoliers de s'y rendre; ce qui a été exécuté. Monsieur le maire, accom-pagné de messieurs les Officiers municipaux, a parcouru successivement chaque classe et après avoir rappelé leur devoir aux écoliers, il leur a déclaré, en présence de leurs professeurs, que la Municipalité avait chargé monsieur Ville-floze de faire provisoirement les fonctions de préfet jusqu'à ce que le Conseil général eut remplacé monsieur Lanneau. On a fait ramasser les bancs cassés, et messieurs Daubech et Chau-mont ont demeuré tout le reste du temps de la classe dans la cour du Collège pour empêcher une nouvelle insurrection. Messieurs Saint-Priest maire, Chaumont, Vialle et Sclafer se sont retirés après avoir dit aux professeurs de se rendre à la Municipalité après la classe.

Les professeurs s'étant rendus à l'hôtel commún, la Municipalité leur a témoigné son mécontentement, 1° de leur insouciance pendant que leurs écoliers brisaient les bancs, ce qu'ils auraient pu empêcher en demeurant dans leur classe au lieu de se promener tranquillement dans leur jardin,

2° de la lettre qu'ils avaient écrite au corps municipal, dans laquelle ils s'écartaient à la fois du respect qu'ils devaient à un corps constitué et aux délibérations qui en émanaient; que monsieur Villefloze ayant été commis pour faire provisoirement les fonctions de préfet, jusqu'à ce que le Conseil général eut pourvu au remplacement de monsieur Lanneau, ils auraient dû reconnaitre le sieur Villefloze en cette qualité, exemple qui aurait déterminé leurs écoliers à le reconnaître aussi; ce qui eût prévenu vraisemblablement l'insurrection qui venait d'avoir lieu; qu'il n'était pas étonnant que dès que les maîtres affichaient l'insubordination, les élèves en fissent autant. Les professeurs s'étant permi des personnalités et des injures contre le sieur Villefloze, s'étant même écartés plusieurs fois du respect qu'ils devaient a ıa Municipalité, monsieur le Maire a été forcé de les rappeler plusieurs fois à l'ordre et de leur imposer silence.

Sur les observations faites par un des professeurs que vraisemblablement les écoliers refuseraient d'écouter les remontrances de monsieur Villefloze soit pendant le quart d'heure qui précède les classes soit à la messe, durant laquelle les écoliers sont surveillés par le seul préfet, vu que les professeurs n'y assistent jamais, la Municipalité leur a témoigné son étonnement de ce qu'ils ne donnaient pas à leurs élèves l'exemple d'un devoir aussi saint que celui de la religion; à quoi les professeurs ont répondu qu'ils n'étaient chargés que de faire ıeur classe et qu'ils n'étaient tenus d'assister à la messe que les jours de fêtes et les dimanches.

La Municipalité, après avoir ouï le Procureur de la commune, a déclaré aux professeurs que, persistant dans sa délibération de ce matin qui commet monsieur Villefloze pour faire provisoirement les fonctions de préfet, ils eussent à le reconnaitre en cette qualité et afin que leur exemple en impose à leurs écoliers, que pour prévenir du tapage pendant le quart d'heure qui précédait la classe et pendant la célébration de la messe, la Municipalité attendait de leur zèle qu'ils entreraient le matin à huit heures précises et l'après-midi à deux heures, et que chaque professeur conduirait ses écoliers à la messe et y assisterait; monsieur le Maire leur a recommandé de se faire aimer et en même temps respecter de leurs écoliers, que le véritable moyen était d'allier la douceur avec la fermeté, et que tant qu'ils affecteraient du mépris les uns pour les autres, les écoliers n'auraient aucune espèce de considération pour eux, et que, sans considération, ils ne pouvaient produire aucun fruit.

Signé au registre : Saint-Priest maire, Daubech, Bonnélye, Chaumont, Sclafer, Lacombe.